谋局

中国资本市场的变革与突围

吴晓求　李大霄　刘纪鹏　张兴军　等◎著

经济日报出版社

图书在版编目（CIP）数据

谋局：中国资本市场的变革与突围 / 吴晓求等著
. -- 北京：经济日报出版社，2021.12
ISBN 978-7-5196-0809-5

Ⅰ．①谋… Ⅱ．①吴… Ⅲ．①资本市场—研究—中国
Ⅳ．① F832.5

中国版本图书馆 CIP 数据核字 (2021) 第 172748 号

谋局——中国资本市场的变革与突围

作　者	吴晓求　李大霄　刘纪鹏　张兴军 等
策划编辑	张　乐
责任编辑	黄芳芳
助理编辑	姜　楠
责任校对	张慧敏
出版发行	经济日报出版社
地　址	北京市西城区白纸坊东街 2 号 A 座综合楼 710(邮政编码：100054)
电　话	010-63567684（总编室）
	010-63584556（财经编辑部）
	010-63567687（企业与企业家史编辑部）
	010-63567683（经济与管理学术编辑部）
	010-63538621 63567692（发行部）
网　址	www.edpbook.com.cn
E - mail	edpbook@126.com
经　销	全国新华书店
印　刷	中国电影出版社印刷厂
开　本	880mm×1230mm　1/32
印　张	5.5
字　数	121 千字
版　次	2022 年 1 月第 1 版
印　次	2022 年 1 月第 1 次印刷
书　号	ISBN 978-7-5196-0809-5
定　价	48.00 元

总 序

洞见中国经济发展的趋势与未来

谁都知道2020年是中国乃至世界经济最困难的一年，但2021年全世界依然过得并不容易，一边经济在恢复，一边仍受到疫情的侵扰。虽然世界经济确实在2021年出现了恢复性增长，但2022年以后世界经济到底是个什么样子，我们还不敢确定。毕竟国际货币基金组织在2021年最后一期《世界经济展望报告》中预测世界经济增长的同时给出两个警告：一是随着美联储和其他央行收回其在疫情期间提供的支持，全球股票价格和房屋价值面临骤降风险。二是受疫情影响，全球供应链关键环节中断且中断时间超预期，全球通胀上行风险加剧。在这种情况下，中国经济会怎样运行呢？

相比于其它国家，中国经济增长还是有确定性的，截止到我写序这一刻，我国2021年前三季度国民经济持续恢复发展，国内生产总值达到823131亿元，同比增长9.8%。但是，我们仍然不能忽略“当前经济恢复不均衡、基础不稳固”这样一个基本事实，而且这个事实可能要持续一段时间。所以，我们现在“要用好稳增长压力较小的窗口期”进行科技创新和供给侧结构改革，“强化国家战略科技力量”“增强产业链供应链自主可控能力”“坚持扩大内需这个战略基点”“构建以国内大循环为主体、国内国际双循环相互促进的发展新格局”和“构建高水平社会主义市场经济体制，实行高水平对外开放”。

与此同时，我们不回避中国经济面临的内生性增长不够的问题，也不回避新冠疫情和中美关系等诸多严峻而复杂的外部因素对中国经济的拖累，而是客观地、立体地去探讨中国经济发展的确定性和不确定性，引导我们的政府、企业和个人正确地看待和判断中国经济发展趋势，既不要因为中国经济的确定性增长而忽略了自身不确定性的风险，也不要因为自身面临的困难而看淡了整个中国经济的前景，在不确定性中寻求自己的确定性是每个地方政府、每家企业和每个人的必修课，课程之一就是经济日报出版社出版的“中经丛书”。

“中经丛书”由经济日报社主管主办、经济日报出版社出版的《中国经济评论》杂志精心打造。作为一个重要经济评论阵地，《中国经济评论》自然要担当起思考先行者的角色。于是，这个在疫情之年逆势诞生的新杂志以杂而不杂、热点聚焦的主题评论方式呈现在读者面前。杂而不杂的“杂”体现在不同的经济学专家（包括权威官员）和不同的经济观点同时出现在同一期杂志中，形成“前沿观察”“中经智库”“趋势洞见”“环球视野”等栏目；“不杂”体现在无论哪一位专家或官员、无论哪一个栏目和观点都围绕一个经济热点或主题展开。于是，一个眼界更开阔、思考更纵深、评论更立体的畅读体验开始了。同时，也为我们今天出版的“中经丛书”奠定了基础。

因为每期《中国经济评论》杂志都聚焦一个经济热点问题，这便为独立成书提供了深邃的思想和完整的体系。于是，我们在“聚焦构建双循环”“聚焦资本市场”“聚焦科技创新”“聚焦近景远景”的基础上进一步拓展为“中经丛书”，先期推出的是《论局——双循环的机遇与挑战》《谋局——中国资本市场的变革与突围》《布局——中国科技创新的道路与抉择》和《新局——中国近期规划与远景目标》，后期还将结合供应链产业链、扩大内需和高水平的社会主义市场经济等紧扣经济前沿的深度作品。我们希望，通过继续加强媒体融合、书刊联来丰富我们的“中经丛书”。也让更多关心中国经济发展趋势和未来的有识之士们，能够多一个洞见中国经济发展趋势与未来的重要窗口。

经济日报出版社社长

2021年11月15日

序

充分兑现中国资本市场的潜能与价值

对于中国资本市场而言，1990年无疑是一个特殊的年份，这个被称为中国资本市场元年的时间节点，成为回溯所有成就的缘起。

经国务院授权，中国人民银行正式批准建立上海证券交易所。从此，中国资本市场开始了一个从无到有，从小到大的成长历程。伴随着中国经济的跨越式成长，规模亦水涨船高。

数据显示，中国A股上市企业的数量早已突破4000家，交易量和总市值衡量亦稳居全球第二。这无疑是一个前无古人的成就。

客观而言，中国资本市场的整体发展满打满算也才三十年出头。并且，这一跨越式历程几乎与改革开放的时间进程高度重合。某种程度上也可以说，其发展成就之所以要远超预测，是因为中国的改革开放而带动的经济活力的充分释放。曾经的上海和深圳，以及如今的北京，上交所、深交所的创立，中小板、科创板和新三板市场的不断完备，代表着中国的资本市场的成熟与完善。

如果从具有开拓意义的改革层面回溯，很多标志性的事件亦跃然纸上。从前述提到的沪深交易所的开启到股权分置改革的空前实践，从注册制的全新探索到国际金融中心的全方位构建，中国已经初步建立了一个多层次的资本市场，同时也在向更规范、更透明和更成熟的国际一流市场继续迈进。

在2020年9月召开的国务院常务会议中，一个突出的重点就是部署进一步提高上市公司质量，保护投资者权益，从而推动资本市场持续平稳健康发展。包括建设规范、透明、开放、有活力、有韧性的资本市场，提高上市公司质量，提出完善上市公司治理制度规则和发挥部门合力加强监管等多项具体举措的一揽子措施，均是题中应有之意。

国务院常务会议所部署的任务与目标背后，正是对我们资本市场当前存在不足的一种“对症下药”。例如，投资者所期盼的持续而健康的牛市之梦仍然未能照进现实，近年来上市公司造假事件为何层出不穷，以及投资者利益如何得到更好的保护等，均是亟待解决的客观要务。

聚焦历史与当下，能够看到中国独特的经济发展模式、制度环境决定了资本市场发展注定与其他国家有着不一样的轨迹和特征。未来，中国资本市场的构建也必然体现出我国当前发展阶段鲜明的时代特征，并在市场主体、发展任务和发展路径中体现出与其他国家的差异与不同。这也是为什么《中国经济评论》与一众重量级专家从机制、政策、实践等多个层面，深入剖析与研判中国资本市场的症结与问题，并提出了建设性的解决方案的背景和原因。

可以说，出版《谋局——中国资本市场的变革与突围》的缘起，便是因为我们充分意识到我们距离一个更加规范、更加透明和更加成熟的资本市场的目标还有着不小的差距。而聚焦当前存在的这些问题与不足，正是资本市场进一步改革的关键，从而为构建一个与世界第二大经济体相匹配的中国资本市场打好坚实的基础。

我们也迫切地希望，中国资本市场在新三十年的历程中，能够从规模、质量、结构和效率等多个维度实现质的突破与提升。

《中国经济评论》杂志主编

2021年11月11日于北京陶然亭

目　录

第一章
中国资本市场的变革历程

走过三十年光辉历程的中国资本市场，开启了新的征程。回眸卅载，沪深两家交易所的正式成立、股权分置改革和注册制改革的推行等丰碑尤在。展望未来，构建新的国际金融中心的目标也已渐行渐近。而通过树立正确的监管理念，将资本市场的改革措施真正落向实处，也将助推未来市场变革历程持续向好。

中国资本市场三十年：三座丰碑与一个目标

沪深交易所成立并运行已有30年时间，中国资本市场成绩卓著。从几十亿市值到八十万亿市值，从13家上市公司到现在超过4000家上市公司，开户人数从原来几十万到现在的近2亿，中国资本市场为中国经济发展提供了强大动能，金融资产和社会财富得到快速增长。更为重要的是，资本市场通过上市公司让企业知道遵循法定义务的重要性，让社会明白透明度多么重要。

资本市场的基石是透明度，现代社会文明秩序的基石也是透明度，缺乏透明度的社会很难做到公平和正义。资本市场让我们切身体会到透明度的重要性，透明度是实现资本市场公平公正的前提和基础。“三公”原则中为什么将公开性在最前面，是因为透明度是基石，是前提。这种观念和认识对中国社会的改革非常重要。在没有资本市场之前或在资本市场发展初期，我们对透明度的理解非常缺乏。企业在未上市之前，有几套账，对税务是一套，对股东是一套，管理层还有一套。上市之后，企业的财务数据必须真实透明，而是必须是唯一的，这是重要的行为规范。秩序混乱的重要根源来自于信息不透明，信息如果透明，市场就会有序地运行。市场有时候为什么混乱，就是因为信息不透明，规则不一致，有一套对他人的规则，还有一套对自己的规则，几套规则在运行，几种信息同时存在，市场当然混乱，大家不知道何种信息是真实信息。资本市场需要真实信息，需要充分披露信息。

三十年来，资本市场发展对中国社会的进步和经济发展产生了全面而深刻的影响，我们不能仅用融资规模来衡量其作用，那只是非常小的侧面。三十年中国资本市场历经坎坷，进行了艰苦探索。在三十年中国资本市场发展和改革中，有三件大事应当铭记，三十年，三座丰碑。

一、第一座丰碑——沪深交易所的设立开启了中国资本市场发展路

1990年底沪深交易所的设立与运行，是中国资本市场发展历史中的第一座丰碑，是开天辟地的大事。今天可以看到它的意义多么重大，但当时看不清楚。当时的国际环境很恶劣，经济遇到空前的困难。企业要发展，最缺的是

资金。当时金融资源非常稀缺，只有向社会募集资金一种方式，所以发行了股票筹资，发行股票后就要交易，沪深交易所应运而生。从今天看，沪深交易所的设立，开启了中国资本市场发展之路。用学界术语说，交易所的出现开启了金融脱媒的新时代。没有资本市场之前，企业通过金融中介和商业银行来融资，融资活动主要通过商业银行来完成。商业银行是相对古老的金融业态，但在功能上有重大缺欠：功能单一，嫌贫爱富。你兴旺发达时，所有银行都给你授信，你若有一些风险，所有的银行可能都会封你的账。很多企业都希望通过市场融资，因为市场融资可以对资金进行长期配置，不会因为经济周期的变化而变化。企业在发展过程中总会有起伏，没有一家企业永远是持续稳步上升的。当你有起伏时，最大的压力主要来自于商业银行，所以，企业希望通过市场来完成融资活动。我们把这样的过程称之为金融脱媒。资本市场生生不息的发展，其实质是脱媒的结果。

随着人们收入水平的提高，消费之后的剩余收入有越来越强烈的投资倾向。市场不发达时，金融资产种类较少，人们一般将剩余收入存入银行，通过储蓄存款来防范未来的不确定性。随着收入水平的提高，人们发现储蓄存款的收益越来越低，这种收益实际上是对近期消费的补偿，不是投资性收益，这种收益与经济增长没有关系。所以，社会必须要创造一种机制，让越来越富裕的人群有投资的机会，资本市场顺应了这种要求。当然，中国资本市场不是基于这个目的产生的，而是在解决企业融资难的现实问题上产生的。随着经济市场化程度的提高和居民收入的增长，要求提供多样化的金融组合资产的需求越来越强烈。

沪深交易所建立的初衷是融资，所以，在中国资本市场发展的相当长时期中，都把资本市场定位于融资的市场或企业融资的平台，这种定位持续了二十多年。这种初始的认识误区客观上造成了中国资本市场存在基因上的缺欠，不重视财富管理，不重视企业选择标准的市场化，不重视企业成长性的选择标准。基于这种认知和功能定位，从沪深交易所建立之初到2000年之前，亦即1999年证券法产生之前，中国资本市场股票发行实行的都是额度基础上的行政审批制，企业分到额度就可以发行股票并上市，几乎没有什么市场标准。企业上市几年后就ST，并购两三次这个公司就要退市了。并购的初始目的是为了企业更好地成长，企业市值不断提升，但在那个时代，中国资本市场上的并购，成为了掏空上市公司的重要手段，这一定位的差异导致出现了一系列问题。在相当长时期里，中国资本市场都是在混沌的环境下运行，各种违法违规行为频发，欺诈发行非常疯狂，人们都在着迷于造假，有些上市公司几乎所有的财务数据都是人为造出来的。在这样的环境中，资本市场怎么会有发展？这样的市场几乎成了掠夺投资者财富的市场，这样的市场是注定搞不好的。

二、第二座丰碑——股权分置改革开启了中国资本市场制度规范的时代

受20世纪90年代初社会环境和人们认知的影响，上市公司设置了两类股东：发起人股东、控股股东或实际控制人股东，这些股份是不能流通的，在制度上人为地使股权处在分置状态。在不能流通的股份中，国有股占到70%。股权分置是中国资本市场基因缺陷的重要表现形式之一。在股权分置时代，两类股东的利益诉求有重要差别，但是，把控上市公司的控制股东绝大多数都是非流通股东，他们的重要诉求是想尽各种办法通过高溢价发行，增厚净资产价值。在过去相当长时期里，中国几乎没有好的上市公司，一个重要原因就在于利益机制存在严重缺陷。就像一条船上有两类人，把舵的不想前行，总想在原地打转，利润增长多少、资产价格多少与他们的利益没有关系。对流通股股东来说，利润增长了，股票的流通溢价就有了，但把舵的是控股股东，即非

流通股股东，没有市场利益驱使，船永远在原地转悠，没有前行的动力和方向。所以，那个年代，几乎没有好的上市公司是有必然性的。因为非流通股股东、控股股东没有激励机制。经济的活力主要来自于两个重要因素：一是竞争，有竞争才有压力，垄断肯定没有活力。二是激励，没有激励就没有积极性，就没有前行的动力。经济活动中的人都是有利益诉求的，我们可以提倡奉献，奉献是很高的境界，这是对个别的先锋人物的要求，但99%的人的积极性是要有激励机制的，有激励才会有积极性。一个社会不能只讲监督而不讲激励，那是不行的。现在踩刹车的人很多，踩油门的人越来越少，社会要发展，发展靠激励。

时间到了21世纪。进入新千年时代，学界已经认识到中国经济的蓬勃发展并没有带来资本市场的成长，市值不过三万亿人民币左右。1990年到2005年，中国经济有了巨大发展，特别在2001年中国加入WTO后，经济更是以前所未有的速度在增长，但是中国资本市场却长时间停滞不前。为什么会产生这种严重背离的情况？制度和机制有问题，股权分置的制度设计有问题。这个问题是从娘胎里带出来的，是一种基因式特征，后天要改变非常艰难，要花巨大的改革成本。怎么改？股权分置改革摆在我们面前。

如前所述，三十年前沪深两个交易所的成立是中国资本市场史上第一座丰碑，我们应该对那个年代给予很高的敬意。邓小平同志在历史的关键时间保护了这个市场，“南巡讲话”对交易所和证券市场提出了重要意见，使市场得以存在下来。三十年来，中国资本市场最庆幸的是能够得以继续存在。在当时的环境下，不少人认为资本市场是资本主义的东西，意识形态环境非常严酷。我在中国学界是较早研究资本市场的，迄今为止始终没有停止。早年我在中国人民大学研究资本市场也受到很大的压力，有人认为我在研究资本主义的东西。实际上，资本市场是现代市场经济的灵魂和心脏，资本市场是现代金融体系的基石。中国能有如此成就，我认为，与当时一批又一批人在思想解放的旗帜下，积极探索如何发展中国有密切关系。中国的现代化不是天上掉下来的，大话、空话创造不了财富，需要实实在在地探索前行。在当时，首先要解放思想，要突破一个个禁区，解决认知上的禁区，如果思想被束缚，创新是来不了的。创新是思想活跃、思想解决、思想没有束缚、精神没有压力的结果，所有的创新都来自于思想的解放。所以，在那个年代，思想解放了，才会有沪深交易所。当时有一批人挺身而出，创新探索。中国现代化的进程非常漫长，需要一批又一批思想的先驱者。我们现在比较缺乏的是创新的思想、勇敢前行的胆量、担责的精神，我们越来越缺乏这种东西。过去30年，有一大批探索者，探索就会有失误，这种失误需要宽容，如果一失误就追责，那就不会有人探索了。

我们必须着力改变这种制度设计。股权分置的时代，资本市场的运行平台是倾斜的，在倾斜的制度平台上跳舞是跳不好的，况且这个倾斜的平台还充满了陷阱和漏洞，所以那个年代有那么多违规违法的行为。我们要通过改革，校正这个倾斜的制度平台，堵住这个平台上的陷阱和漏洞，这是推动股权分置改革的原由，目的是构建全体股东共同的利益诉求，既要有分红也要有流动性溢价。

2005年5月，股权分置改革正式启动。2003年，我与我的同事写了一本书，即《股权分裂与流动性变革》，系统概括了股权分置的十大危害。股权分置改革的核心目标就是要造就一个全流通的市场，到2007年初，我们完成了98%的上市公司的股权分置改革。这场改革既需要智慧，更需要敢于冒巨大政治风险的勇气。股权分置改革需要周密的方案设计，因为涉及到两类股东的利益。原来的非流通股东的股权是没有流动性，要获得市场流通权就必须付出对价。2001年，我们有一个国有股减持的试点，失败了，失败的根源就在于，没有流通权的股份要按市价减持，相当于按市价流通，这是不公平的，也没有任何法理基础。在资本市场上，公平很重要。契约精神的前提是公平性，按市价减持或流通，既没有履行契约也没有公平精神。2001年国有股减持失败之后，我们在反思，如何让包括国有股在内的非流通股流动起来。在中国，国有资产流失是要承担很大的责任的，在改革中，我们有责任让国有资产增值保值，我非常反对用改革的旗号去掏空国有资产。这就有一个问题，非流通股股东的股权之前是没有流动权，要获得流动权，逻辑上是要向对方即流通股股东付对价，才能获得股权的市场流通权。我们找到了非流通股股东支付对价的理论基础和法律基础。

在股权分置改革前，我与时任证监会主席的尚福林就资本市场发展和股权分置改革在电话里讨论了半小时，核心内容主要有两点：一是中国金融改革的重点在资本市场；二是资本市场要发展，必须推动股权分置改革，即使暂停IPO也要推动股权分置改革。理论界与实际部门达成了共识，经过2019年和2020年的努力，股权分置改革成功了。中国金融现代化的基石在于发达、透明、有成长性的资本市场，没有这个基石，现代金融体系不可能建立起来。习近平总书记在党的十九大报告中说，我们必须构建现代金融体系。没有现代金融体系，中国经济就没有持续增长的动力。现代金融体系的基石是什么？透明而有成长性的资本市场。这样的现代金融体系可以有效地分散风险，也可以成为财富的储备机制。没有以资本市场为基石的现代金融，高科技会很长时间停留在实验室，无法成为新产业、新产品。只有资本市场的发展形成与资本市场相匹配的新金融业态，才能有效地推动产业的升级换代，我们一直缺乏这种认识。有时候我们在看到各种新的金融业态时，会认为是在偏离实体经济，是脱实向虚的表现，我不认为这种认知是正确的。孵化新产业是现代金融的核心功能之一，金融不能复制传统。为什么说要大力推动资本市场的发展，是因为它在孵化未来。美国市场的上市公司，前十家都是高科技企业。中国沪深交易所市值排名前十位的上市公司是茅台酒加金融机构（主要是商业银行）。这种状况令人忧虑，不值得高兴，表明中国金融和中国资本市场还很落后，对高科技企业的孵化能力太弱，利润分配机制也不市场化。我们对现代金融缺乏深刻理解，以为金融业态的多样性是脱实向虚，其实这是一个认知上的误区。资本是逐利的，哪些产业未来有成长性，资本就会流到哪里去，未来有成长性的企业不缺钱。在正常情况下，如果连工资都发不出，这样的企业是没有前途的，新的企业或产业会去取代它，以完成产业的升级换代。现代金融不是复制传统，更不是保护落后，我们要对现代金融有深刻的理解。

在股权分置改革启动之前，虽然找到了对价的理论和法律基础，但是没找到对价的标准，对价率多少合适？最后我们找到了这样的标准。记得在2005年3月的一次座谈会上，有专家问我，对价的标准在哪里？怎么确定对价率？我说30%，因为当时市场增发价是市价的7折左右。后来的实践表明，股权分置改革的对价在30%左右浮动。由于理论准备充分、发挥民主、解放思想、科学讨论，到2007年2月，股权分置改革全面完成。从资本市场制度建设角度看，股权分置改革的确具有里程碑意义，是继沪深交易所建立之后的第二座历史丰碑。没有股权分置改革的成功，就不可能有今天80万亿市值的市场。没有激励机制的上市公司和资本市场是不可能成长起来的，股权分置改革就是要构建共同的利益机制，校正残缺的激励机制。

金融有六大功能，激励机制是现代金融的六大功能之一，没有激励机制的经济活动，经济就失去前行的动力。金融的六大功能是指：资源的跨期配置（融资）、风险管理或财富管理；支付、清算；激励机制；所有权分割；提供信息。在不同时代，金融六大功能的顺序是不一样的，在传统金融体系中，融资排在第一，而在现代金融体系中，财富管理、分散风险则排在第一。中国金融正在从以融资为主过渡到融资与财富管理并重的时代。股权分置改革的成功，开启了中国资本市场制度规范的时代，意味着中国资本市场全流通时代的到来。在全流通时代，所有的股东都关注企业利润的增长、创新能力的提升，因为它们会对市值和股票价格产生重要影响，股东的利益趋向完全一致。

中国首部证券法1999年7月1日颁布实施后，启动了股票发行的额度审批制到核准制的改革。相对于额度审批制，核准制是发行制度的重大进步。核准制的思路是，试图让专业人员在分析企业的数据和资讯的基础上决定股票是否发行上市。这与额度基础上的行政审批制相比显然是巨大进步。核准制当然也有缺欠，比如定价没有市场化。监管部门一般将20倍市盈率作为发行定价的基准，这一人为的、僵化的定价机制导致企业上市后连续10个涨停板的现象比比皆是。这种现象反映了这种发行制度存在重大缺欠，于是就出现了打新基金这种怪胎。打新基金是那个时代的产物，是发行制度扭曲的表现。资本市场发行制度的改革就是要让打新基金没有存在的市场基础。如何改革核准制，我们探索了十多年。基本思路是：价格是由市场来确定的，不是行政部门确定的，企业有没有成长性也不是由专家来判断的，专家可以对信息披露和财务报表的真实性进行核查。我有幸成为核准制后第一届发审委来自于高校的委员。在核准制条件下，发行委委员不仅要对上市公司信息披露的真实性进行审核，还要对其成长性作出判断，这是一件困难的事情。成长性是要交给投资者通过市场机制来判断的，让发行委的专家把好这个关，目的是善意的，但结果不一定好。有时候目的善意但方法不对可能会带来更糟糕的结果。我们做很多事情出发点和目的都很好，但方法错误，结果适得其反，所以，方法很重要。方法要尊重自然规律，尊重常识。资本市场的制度、规则设计要符合资本市场的本质要求，符合经济规律。资本市场发展的进一步要求对核准制进行改革，呼唤注册制。

三、第三座丰碑——注册制改革开启了中国资本市场市场化时代

2019年6月13日，上交所科创板正式运行。科创板设立的重要意义在于其实行了注册制改革。从产业属性看，科创板和创业板虽有差别，但没有根本差别，它们之间最重要的差别在于科创板实行了注册制。注册制改革试点之后的新《证券法》于2020年3月1日起实施，为注册制改革的全面推行奠定了法律基础。过去的《证券法》重视工业社会的经济特征，对企业上市的标准中的有形资产、资产规模多大、是否盈利、盈利多少、盈利的历史等非常重视，不太重视创新能力、未来成长性，这种认识很长时期没有变化。试图由非市场机制来配置金融资源，突出体现在过去的发行制度上。实际上，市场是资源配置的决定性力量，什么样的企业可以

上市应由市场来决定。有了这样的理念和认知，才会有注册制基础上的科创板。

科创板试点一年后，深交所创业板也开始试行更高标准的注册制。科创板和创业板试行的注册制改革，有一致的一面，也有不同的地方。科创板试点一年后，创业板注册制有了新的内容和特点。现在我有一种欣喜，是因为我们国家经过30年的探索，终于认识到在中国为什么要发展资本市场、如何发展资本市场。在这两个问题上的认知上，我们觉醒了，找到了本源。过去相当长时期，我们对这两个问题是不清楚的，那时你若问，为什么要发展资本市场？一般都认为，为企业提供融资平台，再深入一点，就是为公司治理结构提供市场化的平台。那时，我们不知道资本市场发展是构建现代金融体系的基石。在一次中央政治局金融学习会上，我看到公报上有一句话，资本市场是现代金融的枢纽。这个认识是非常正确的。

有人认为，金融的主体是商业银行，在中国不可能建设成一个发达的资本市场。我不认同这种观点。中国金融现在的主体的确是商业银行，但这种金融结构必须改革，这不是现代金融体系。传统商业银行可以解决融资问题，但很多新的金融功能实现不了，比如对高新技术企业的孵化，比如财富管理等。银行会给成熟企业贷款，但很少给创新创业和处在风险期的高新技术企业贷款。新金融业态中的风险资本对创新企业、高新技术企业有强烈的投资偏好。成功了，大家分享利润和价值成长，失败了，就算是风险投资。传统金融能做到这个吗？做不到。银行只能提供储蓄产品和理财产品，无法满足投资者对资产配置多样化的需求。资本市场不发达，投资者都会去炒房子。中国房价高是中国金融结构畸形的结果。美国的股票市场和中国的房地产市场是世界上两个最大的泡沫。

注册制改革，开启了中国资本市场市场化时代，这是我们多年的梦想。注册制还资本市场之本源。定价由市场来决定，同时重视存量的并购重组。过去我们只重视IPO，不重视并购重组，甚至把并购重组等同于内幕交易，所以，过去对并购重组采取的是严控政策。实际上，并购重组是资本市场发展的重要动力。

在注册制下，监管的重心发生了根本变化，由实质上监管转变为透明度监管。过去监管是前置的，放在发行审批环节。注册制之后，监管重心后移，移到中后台，尤其对内幕交易、信息披露进行重点监管，以确保市场的透明度。注册制之前的监管是全覆盖监管，注册制基础上的监管是透明度监管。透明度监管是监管的精髓，证券监管不是指数涨跌的监管，核心要确保市场信息披露的真实透明。只有做到这一条，才能说投资有风险，风险自承担。投资本质上是收益大于风险的，否则大家为什么来投资。投资是财富的唯一来源，投资也是财富成长的根本途径，银行的储蓄产品、理财产品不具备这种功能。投资促进财富成长，是基于收益与风险在更高层面上所形成的均衡。一般来说，富裕起来的人，大体都是通过投资来实现财富的增长的，这里既有实业投资也有股票投资。这就是监管的重心必须在透明度的重要原因。

透明度监管的基本意义是要保证每一个投资者的起点是公平的。至于投资的结果是什么样的，因人而异，不能平均。就像高考，人人都可以参加，无论出身怎样，给了每一个人公平的机会，公平的起点。至于高考考进了哪所大学，那没有关系，只要制度、规则给了你公平的机会就可以。监管不能保证结果的公平，但必须保证起点的公平。

四、一个伟大的目标——构建新的国际金融中心，开启了中国资本市场国际化时代

我们为什么说这是三座丰碑？为什么要翻越这三座大山？为什么要如此艰难地过草地翻雪山？一定是因为心中有一个伟大的目标。毛主席带领红军走二万五千里长征，目

的是奔向延安，去开辟新的根据地。我们翻山越岭留下了三座丰碑，目标是什么？有人说要构建世界一流的证券市场，这是对的。当然一流的证券市场很多，什么是一流说法也不一。中国发展资本市场的战略目标，就是构建新世纪新的国际金融中心。中国梦是中华民族的崛起，作为中国梦的重要组成部分，对中国金融来说，就是构建新的国际金融中心。我们三十年来的改革与发展，就是要把中国资本市场建设成新的国际金融中心。

三十年中的相当长时期里，我们对在中国为什么要发展资本市场，理论上不清楚；如何发展资本市场，政策上不清晰；中国资本市场的彼岸在哪里，方向上不明确。现在这三个问题都开始明晰了。中国资本市场的理论认识已经从混沌走向觉醒。

中国资本市场的战略目标，就是要建设新的国际金融中心。国际金融中心不会从天下掉下来，要经过更加艰苦卓绝的探索才能实现，这比我们加入WTO要难上百倍。首先，中国金融要开放。中国经济发展过去四十多年有很多经验，其中，开放是中国经济发展最大的红利，是一个重要经验。开放，让我们有信心；开放，拓展了我们的国际视野；开放，让我们的产业在竞争中提升竞争力；开放，让我们在世界舞台上找到了自己的角色，知道了前行的方向和目标在哪里。

中国资本市场的彼岸离我们可能还比较遥远。构建新的国际金融中心的路途崎岖而复杂，但目标很清晰。一般而论，构建国际金融中心要有四大硬条件、三大软实力。四大硬条件是：

第一，经济的可持续增长。经济增长没有可持续性，要构建国际金融中心不太可能。怎么保持经济的可持续性？需要经济发展模式的战略转型，需要激活市场主体的积极性，尤其要把民营企业的积极性释放出来，市场化改革是保持经济可持续增长最重要的制度安排。

第二，走开放的道路，推动国际经济活动、贸易、投资和资本的自由流动，这是国际金融中心形成的基本前提。

第三，要有持续的科技创新能力。资本市场的成长来自于科技对产业的推动，在资产定价影响因素中，科技是排在第一位的，在企业中，科技权重低，定价也就比较低。传统商业银行的定价为什么很低？蚂蚁金服定价为什么高？都与科技有密切关系。科技力量，会大大提高金融的效率。在市场定价中，科技创新能力非常重要。

第四，要有强大的国防实力。国家和社会的财富是要有保护和威慑机制的，国防实力是国家重器。中国正在不断地改善这四大硬条件。

三大软实力是指：

第一，坚实的法制基础、深入人心的法制理念。依法治国特别重要，法制基础不坚实，国际投资者是不会来的，市场预期的第一保障来自于法制。目前，中国资本市场上境外投资只占3.5%，如若要建设成为国际金融中心，境外投资者至少要占到15%。中国的法制建设在改革开放后有了很大进步，特别是加入WTO之后进步更加明显，在诸如保护知识产权、保护专利等方面有了根本性进步，但整体而言，离国际金融中心的法制要求还有相当大的差距。中国法制基础的差距主要表现在法制理念上，必须形成法制所具有的不可撼动的威严。

第二，契约精神。契约精神的前提是主体的平等性，其次是承诺的履约。契约精神是现代社会的基本规则，是社会秩序形成的基础。中国资本市场中已经出现了一些违约现象，契约精神受到了严重挑战。现代社会契约精神非常重要，既是文明的元素，更是秩序的基础。资本市场更是特别需要坚如磐石的契约精神。

第三，透明度。透明度是资本市场的灵魂。没有透明度就没有资本市场。

上述三元素是构建国际金融中心的软实力。

如果这三种软实力我们都具备了，就可以实现十九大报告提出的到2030年建成社会主义现代化国家，到2050年实现社会主义现代化强国的目标。两步走的战略目标涵盖了金融的作用，涵盖了中国资本市场是新时期新的国际金融中心的目标。我确信，在不久的未来，我们可以看到中国资本市场成为新的国际金融中心这一目标的实现。成为国际金融中心之路漫长，但只要我们坚定不移走改革开放的道路，坚定不移走社会主义市场经济道路，中国资本市场一定能建设成新时期新的国际金融中心。

吴晓求 中国人民大学中国资本市场研究院院长

立足监管理念转变　推动中国股市发展

A股牛死了，还是“牛”死了？这是腾讯对话节目中管清友提出的问题。伴随着中国本土疫情的基本控制，经济也有了好转的迹象，但是本该作为经济晴雨表的A股市场在持续了一段时间的上行之后，进入到了一个区间震荡的态势。特别是最近一段时间，科创板减持潮的到来对市场又带来冲击。“我们是不是又要被割韭菜了？”面对A股市场的震荡，听到最多的就是这样的疑问。很多人开始疑惑，A股的上行能否持续？中国股市究竟往哪走？这牵动着广大股民的心。

投资人进入到资本市场承担多维度的风险，理应分得经济发展的红利，可回顾过去十几年来，中国股市牛短熊长，让投资人失望，也让监管者、决策者失望。原本一个应该对经济发展有着重要支撑作用的市场却令无数投资人灰心丧气、信心不振。当前的区域经济和国际环境都充满了不确定性，经济下行压力尚未完全释放，但振兴资本市场无疑为一剂提振国民信心和引领经济复苏的良方。但是如果法律不健全、制度不完善，投资者的利益得不到有效的保护，金融改革就尚未给资本市场的腾飞奠定坚实的基础。大国博弈和中国经济转型都需要有一个成熟而强大的资本市场供给，而关键问题仍在坚定树立打造投融资并重的市场这一监管理念。

一、资本市场是现代经济的坚强支柱

现代金融可以分为货币金融和资本金融。货币金融就是以商业银行为主导，以货币市场为基础的间接债权融资体系；而资本金融则是以投资银行为主导，以资本市场为基础，以直接股权为代表的投融资体系。振兴股市，就是要从资本金融的基础抓起，首先最现实的认识就是，资本金融形态和货币金融完全不同，现实意义也完全不同。传统的银行信贷模式目前既解决不了中小微企业的融资难、融资贵问题，更难以与创新创业企业的发展模式相匹配。因为在以商业银行为主导的货币金融模式下，始终没有办法进行高效的风险管理，最终的结果只能是令很多极具潜力的投资项目无法得到足够的授信，如此也凸显了以投资银行为主导的资本金融投融资模式的重要性。

资本金融是市场化发展到高级阶段才出现的产物。不同于传统信贷市场，它由当下的货币供求直接形成价格机制，资本市场是由估值形成需求，风控形成供给，然后形成价格机制。估值与风控实际上都体现了市场主体对未来的预期，它的目光放在未来，而非当下，因而资本市场永远是站在时代的最前沿的。这样一种内在的驱动机制决定了资本市场作为经济发展排头兵的使命和地位。回看历史，无数最具价值的项目都是在这个市场上融钱，成熟的资本市场孕育了很多伟大的公司。

更进一步讲，传统信贷市场的供求机制追求的是基于当前环境下的均衡和效率，这种模式往往是被动性的、滞后的，这个特点使得传统信贷市场更习惯于“锦上添花”，很难实现资本市场的挖掘功能。而对于资本市场而言，市场不断地对不同的行业、对不同的公司进行估值修正和风险管理，实际上就是投资者们在用货币选票选择更有潜力的行业、更有潜力的公司，这种优胜劣汰不仅是高度市场化的，而且有着显著的要素配置的功能。市场能够选择最有潜力的行业和公司进行投资，投资人获得投资回报，主动性地推动经济向着更好的结构和更高的效率迈进，这些美好愿景就是成熟资本市场最终希望形成的形态。

二、A股“牛短熊长”背后是市场生态的不成熟

成熟的资本市场不仅可以在发挥投融资功能的基础上的优化资源配置、强化公司治理，还能反映社会政治、经济形势的稳定和发展。而现实中，中国股市连“晴雨表”的功能也埋没无痕，这与经济实际的增长状况有着巨大的背离。十年来，中国的GDP增长到2倍多，可股市依旧在3000多点徘徊，往往在一轮快速上涨过后就是长时间的阴跌，甚至在相当长的时期，让我们的决策者都认为股市是一个零和博弈的“赌场”。出现这样的误导，怎能推动中国股市走上一条健康发展之路呢？

A股“牛短熊长”的背后实际上是市场生态和股市文化的问题。如果说投资者都把股市当赌场，而融资者都把股民当成投机分子、赌徒，这样的市场生态就注定了难以有支撑经济的长线资金进入股市，只能是短线热钱，快进快出，击水打浪，制造波动。而一味追求资本利得的短线炒作行为不仅不能满足企业的融资需求，不能创造价值，其自身的价值也在一次次的交易过程中折损。最终反映在行情上，只能是一轮又一轮的暴涨暴跌，减持套现，收割散户。

有人说，资本市场既是一个名利场，也是一个残酷的竞技场，其特有的财富分配的功能决定了它发展的历程会难以

避免地经历一个野蛮而残酷的时期，但这绝非我们的终极目标。中国股市要想搞好，首先在股市文化上就要回归价值投资的正道。历史上，我国证券市场曾被当作国企脱贫解困的工具，片面强调市场的筹资功能；一大批质量低劣的企业为“圈钱”通过“包装”“伪装”而上市；在企业上市过程中，行政手段又控制上市资源，实行指标控制，人为制造资源紧张，也带来了腐败空间；二级市场上，股东用虚假信息欺骗公众，庄家进行操纵、黑箱操作。正是这些做法，使得A股“赌场论”盛行，而真正能支撑经济，满足企业融资需求，实现资本市场原始功能的价值投资者在资本市场中却无法生存。我们常说中国股市缺信心，其实不准确，准确地讲，是中国股市缺乏价值投资者的信心，缺乏制度保障来维持长期入市资金的恒心。

三、市场生态形成根源在于规则制定

如果在一个比较长的时间跨度里，社会进步、经济进步的需求一定会推动改革向着令市场更加高效的方向发展，但如果把目光聚焦于某一具体时期，规则就必然是占据主导的。同样，在股市中，制定什么样的规则，就会造成什么样市场生态——如果散户被一轮又一轮的收割，自然会有更强的投机性；融资者一上市就天堂，自然不再能沉下心做好公司的经营；监管者没有加强力度抓坏人，自然就滋生了虚假陈述和欺诈上市行为。所以，遇到问题，不从体制的根源上着手，仅仅盯住表象，这是缘木求鱼。

对于上市公司融资，一个很重要的问题就是背后一股独大的大股东的减持。凭什么五六毛钱持股成本起步，一上市就变为十几块钱？虽然说公司的创业贡献应该得到回报，但是中国股市的股权高度集中，上市资源有限，很多的价格不是市场真实的供求。科创板中，这个问题尤其严重，大量的家族企业股票发行上市后，个人或者家庭持股仍在65%以上，股价上来后随意减持也并不影响其对公司的控制权，这个持股格局和规则要求如果不打破，减持问题就无法堵住。

中国的股市成了融资者的天堂，投资者的地狱，尽管我们已经做了许多卓有成效的改革，但这个痼疾始终未动。比如2019年的再融资规则修订，取消创业板连续两年盈利要求，控股股东的锁定期从36个月缩短至18个月，科创板缩短核心技术人员股票锁定期从3年改成1年，从多项政策来看，融资门栏和成本越来越低，制度有利于大股东，这是由于重视融资者的理念始终未变。

四、树立正确监管理念将改革落在实处

长期以来，监管者以教育者自居，却没能树立起一个正确的监管理念，总把股民当成赌徒和投机分子，出了问题就把责任往股民和市场上推。而事实上，股民才是市场存在的根基。尤其中小股东，面对强势的大股东无力抗争，只能在一次次的市场波动中承受压力和风险，如果股民对中国的股市彻底失去信心，那中国的资本市场也就必将面对无路可走的困境。中国要实现金融的供给侧改革，首先就要树立正确的监管理念：

第一，就是要认清股市是能够创造价值并且支撑经济的坚强支柱，不是赌场；股民是中国股市的衣食父母，不是赌徒。在政策方面，可以明确推出积极的资本政策，让资本政策登上大雅之堂。

第二，加强投资者保护，推动法治建设。资本市场政策首要目标就应该是维护和保障投资者的权益，我们的市场要从过去重视融资者的市场转向为建设一个投融资并重的市场。

第三，打造一个风清气正的股市文化。解决今天股市的制度性问题，需要根据资本金融的特点，设计一系列的股权文化、股市监管策略，从对投资人开展教育，转化到对发行

者、圈钱者以及管理者的教育上。具体而言，发行者的队伍就是以上市公司为核心，以券商为龙头的会计师、律师和交易所，抓住了这一点，我们就能够高抬目光，抓住了振兴中国股市的关键。

第四，要提出监管者的自我革命。要从监管制度入手，厘清证监会、交易所、证券公司、基金关系。随着注册制的推行，已经把实际的核准权下放到交易所，那证监会就要重新定位，把发行者这个队伍纳入监管视野，交易所也必在其中，不能再简单地认为他们是证监会的延伸，做到“监审分离，下放审核，做实保荐，真实供求”。

第五，要进行合理的资本市场布局和系统规划。目前三大交易所各自为政，很多政策的推出实际上是为了争夺上市资源，没有把关注点放到投资者身上，几个市场之间也没有形成合力和有效的衔接。中国的资本市场要想稳健发展，宏观布局上应该首先明确几个交易所的定位和分工。

五、从财富分配入手打造公平正义股市

资本市场里的确存在着财富的再分配，股市既然是支撑经济的支柱，也理应是分享经济发展红利的地方，理应旗帜鲜明地改善和增强股市的赚钱效应。振兴中国资本市场的一

个主要任务目标就是随着经济的增长，打造健康增长的“慢牛”态势，像现在3000多点的点位，对于中国而言，无论是同国际经济环境对比，同我们自身的历史发展对比，抑或是面对未来解决化解主要矛盾的历史重担，都是不够的。

中国股市的问题不在二级市场炒家，根源还是在于上市公司这些大股东，每每变成了财富分配当中的合法剥夺者，导致股民在牛市中赔钱。这些历史是深刻的教训，值得我们高度警惕。沉疴在身则需要治本方略，而中国资本市场固本培源的方法就是从财富分配入手，保障资本市场的公平和正义，在考虑现实情况和兼顾国际规范的基础上，进一步推动法治化和规范化。

单从持股比例问题上看，新上市公司的大股东持股往往超过50%，“一股独大”为企业上市后减持带来了空间。流动性虽然是资本市场健康的重要指标，但大股东轻而易举就可以利用优势地位进行市值管理牟取暴利，自然不会花心思推动企业进一步发展。大股东采取先发布“高送转”或者其他利好消息，推高股价，再通过大宗交易、协议转让等多种途径减持。因而，股东的股权革命真要肯干起来，学习西方上市公司的股权分散化，第一大股东上市的持股比例应先压到35%左右，化解一股独大这个根本问题，一旦减持就失去控制权。股权结构的改变，在一级市场、二级市场都要推出政策，进行正确的引导和约束。

十几年以来，我一直提到4000点是振兴中国资本市场的一个重要的点位，这个4000点的依据主要是从市盈率来的，市盈率在23到28倍之间，与中国的经济增长和资本相比是合理的。我建议公司应该预设一个在4000点左右才能减持的股价点位并公布出去，你要想减持你就得往那儿走，把公司做好，这里是引导性的、表彰性的“软法”约束，公司主动采取这样的做法，一定受流通股股东欢迎，市场形象就好，从而有利于股价估值，是双赢的。

股价波动和减持增持，另一个关键是信息披露。比如股票价格上行中，许多公司把商誉减值作为工具调节利润，在业绩报告中发布亏损消息打压股价趁机回购，再发布重大订单炒高股价。据统计，从2019年初至2020年2月，A股市场就有超600家上市公司公告预计计提商誉减值准备，而由于本期利润降低，下一次披露又会显示出大幅业绩提升。对于这几类行为，监管机构必须彻查其中是否有违规信批和会计造假，打击股市交易中的赤裸裸的“黑色产业链”，为中国股市正本清源。

让二级市场广大投资人赚到钱，关键还是要让更多优质公司上市，让没有发展前途的“铁公鸡”和“空壳”早日退市，完成市场的新陈代谢。而已经上市的公司则应该从制度上，从治理结构上实现进一步的完善，把传统家族企业改造为现代公众公司。比如对独董制度及其职能要敢于创新，要充分发挥独董在公司治理结构当中的作用。现在都是董事会选独立董事，董事会又都是大股东派出董事，大股东选独立董事来制约大股东，能做到么？这是非常现实的问题，必须用好的制度保障独立董事的独立知情权，让其不受大股东的掣肘。

刘纪鹏　中国政法大学商学院院长、
资本金融研究院院长
张润泽　中国政法大学商学院硕士研究生

第二章
构建规范化的资本市场

三十年跨越式发展过程中，取得了突出而亮眼的成绩，当然也有一些亟待解决的问题。资本市场的深度不够、投资者理念和实践有待进一步成熟、中小企业融资难和融资贵客观存在，以及资本市场内在联通机制尚有缺乏等问题，是制约中国资本市场继续发展的重要因素。对于这些问题的有效应对和解决，正是当前资本市场的重要命题。

深化市场机制改革 提升资本市场成熟度

中国资本市场已走过三十年的历程。三十年间，中国资本市场获得了快速的发展，但发展过程中出现的一些问题也同样不容忽视。

当前我国资本市场的主要问题及表现形式

资本市场最主要的问题是效率不高，服务实体经济、服务创新的功能没有充分发挥，市场缺少深度。其表现形式有：

第一，投资者很少去做长线投资，基本上都是短期行为。中国资本市场的投资者很少长期持有股票获得未来的增值收益，多借助市场炒作、依靠价格波动获取收益。

第二，大量的中小微企业很难在资本市场获得融资。我国中小微企业的融资面临几个问题：一是资本市场对创新创业的支持力度不够，虽然有PE、VC，但总体上支持力度不够。二是缺少长期资金，比如五年、十年的长期资金在银行市场基本融不到。银行市场融资大多为一年期的流动资金贷款，现在有一些银行通过创新实行“无还本续贷”，但是比例并不高。中小企业在资本市场融资，很大一部分需要在场外市场获得金融服务，因为场内市场基本都是行业的“排头兵”企业，小微企业很难进入场内市场，而中国的场外市场还有待进一步发展。

第三，中国的资本市场深度不够，应对价格波动的能力太弱，同涨同跌，缺少相应平滑波动的衍生品工具，在定价方面也很难做到真正的科学。

第四，中国资本市场缺少一个内在的联通机制。比如，任何好企业都是从小到大成长起来，可以一开始在场外市场融资，然后随着企业成长到创业板，再到主板。对于在资本市场上表现不好、经营不善的企业，又可以让它降级。中国资本市场在这种联通机制上很不顺畅，在一定程度上成为上市公司良莠不齐的原因。

第五，长期以来在股票上市的过程中，行政干预的力度太大，不是以真正的市场化方式决定新股的上市和定价，造成炒新等不正常现象。随着注册制的推进，期待这个问题能够逐步得到解决。同时由于地方政府的干预，真正出现问题的上市公司退市也会遇到很大阻力。

第六，对投资人保护不够，对市场主体的违法违规行为惩罚力度不够，比如虚假报告、大股东控制、内幕交易、一些中介机构的老鼠仓等行为。这也在一定程度上造成投资人对资本市场的不信任，使得投资人没有办法判断上市公司真实的经营绩效，迫使投资人只能追求短期行为。

中国股票市场长期资金供应和机构投资者供应不足

导致长期资金供应和机构投资者供应不足的一个原因是银行这样的金融机构不能进股市，对资金市场和资本市场的分隔壁垒过高。一些资管机构，比如保险资产进入股市也受到很多限制。第二个原因就是社保的三支柱中，第二支柱和第三支柱太弱，导致资本市场缺少长期、稳定的机构投资者。第三个原因是中国资本市场成熟度不够，投资工具相对比较少。除了股市，债券市场中比例最大的是国债，但基本上大家都持有到期、很少在资本市场交易，因此它也很难成为一个有效的投资品种。我国债券市场虽然已经是全球第二大，但是整体上可交易或者大家愿意交易的品种还是不够的，可交易债券交易的活跃度不大。

资本市场，无论是股票市场还是债券市场，相对来说成熟度不够，产品种类不够丰富，波动性比较大，被内部操纵的概率也比较高，风险较大，这些原因综合起来使得监管部门、大型投资机构不敢把资产波动地配置在这些风险度比较高的资本市场产品上。

中国股市牛短熊长的主要原因

不论牛市还是熊市，任何一个市场最本质的影响因素都是上市公司质量。受到经济周期和货币周期影响，任何国家的股市都会有正常波动。中国经济增长一直向上，本来应该是牛长熊短，但中国经济增长的波动比较大，有时候股市调整会比较剧烈。其间也夹着一个重要影响因素，即监管影响，这源于中国监管不成熟和市场处于发育阶段所引起的监管波荡，监管部门承担监管与发展的双重目标决定了监管波动特性。

市场熊长的最主要原因是中国上市公司质量参差不齐，审批制对上市公司的业绩有一定的要求，但公司上市后可能“青春期”就过去了，开始产业更迭，所以审批制并没有保证中国上市公司的高质量，反而具有逆周期调节的特征：公司发展最好的时候才被批准其上市，上市以后，发展的最好时期过半或已经过去，其上市后发展没有更强，反而随产业更迭而丧失了发展的机遇，逐步被淘汰。对于高科技企业，并没有真正给予其好的评估。传统制造业方面，中国企业快速发展，迭代很快，很多制造企业前几年业绩不错，后边业绩下滑，也不能完全归咎于造假问题，企业生命周期和产业周期更迭过快亦是重要原因。也有很多公司自以为成为融资中心，进行相互担保，做起投机活动，这都归结为上市公司质量快速变差引发的总体牛市不长的问题。审批制和中国产业更迭的速度是不匹配的，导致了中国上市公司质量难以得到保证。很多好的高科技公司，由于前一两年没利润、没业绩，不能在中国上市，就去海外上市，而后靠资本市场支持走出了具有创新价值的道路。因此，光靠审批是筛选不出好公司的，反而引起上市名额的政策套利问题，真正的公司需要市场的优胜劣汰。中国近几年做了重大改变，从试点到全面推进注册制度，目的就是为了让市场去筛选好公司。

中国上市公司的自我承诺体系也需要越来越强化。中国的上市公司和治理结构上多为依据监管披露信息，而在自我承诺方面做的不足。当今全世界推进的ESG就是要让企业注重环境、承担社会责任和治理，将利益相关者纳入到整体治理体系，让企业通过信息披露和自我承诺来推动企业可持续发展。企业现在需要更多地靠内省来提高自身质量，而不是靠逃避监管。投资者越来越看重企业的内在承诺和持续发展的意愿。很长一段时间内，中国很多上市公司都把自己当成一个融资平台，而不是要做一个好公司，长期的公司、创新的公司、具有社会责任的公司，这是一个比较大的问题。

投资者对上市公司的筛选机制不足。随着市场机制的改革，特别是ETF的投资改革，2020年以来优质的好企业有溢价。被动投资是指数投资，只有好企业才能进入指数，企业越好，市值越大，在ETF中的比重越高，大量的ETF就会追加，越多的资金向着主流的股票集中。通过炒作思路来投资股票，慢慢都会被抛弃成垃圾股，这就是资本市场的力量分层公司。机构投资者、长期资金、国际投资者以及被动投资工具，会使得好股票成为真正的主流，中国的市场也能慢慢成为一个比较好的成熟的市场。

监管者应该对上市公司披露的真实性、炒作特征给予监管，积极推动退市制度。注册制带来企业“宽进”，但如果企业做不好、过于炒作，也要把它剔除出去。近一两年，中国资本市场向健康发展的道路已经比较顺了。

市场秩序、投资者结构也是导致股市牛短熊长的原因。中国股市散户太多，大型机构投资者太少，很难做出专业判断，跟风现象多，投资的风险承受力也比较弱。日本的上市公司每年或半年都会发一些彩页，发放给中小投资者，向中小投资者介绍上市公司的情况、经营特点，欢迎他们到公司参观以及关注公司，向他们发放小礼品。中国上市公司没有人去做这些事情，并未把中小投资者真正当做需要尊重的股东来看待，这很成问题。中国上市公司很多都是被大股东操纵的公司，虽然中小投资者比较分散，力量薄弱，但汇集起来也会影响股票市场。中国的上市公司在市值管理方面还很不成熟，尤其是对一些突发事件、风险事件的应对经验不够。这些都很容易给股市、给资本市场带来比较大的波动。

增强股票市场的价格发现能力

股票市场的价格发现能力首先是有一套估值体系。第一，股票市场的价格发现能力取决于大家怎么对公司估值，现在的研究机构对中国公司的估值已经做出了不小的转变。过去，研究员、基金经理所做的估值都是短期分析，提前打探业绩，而容易忽略对公司长期发展的战略、商业模式、研发技术水平等做系统的评价，所以更像大散户的思维。这也会引起股票市场价格波动，但是靠信息不对称挣钱，短期效应明显。现在公司的分析员、基金经理逐步从这种短期信号中看到一些长远的发展特征，已经把公司长期性估值越来越多地融入估值体系中，即该公司能不能吸收别的公司的价值。比如，互联网公司崛起后，好多制造企业的价值可能就被吸收了。美国前二十多家公司之所以非常牛，是因为这二十多家公司可能会吸收很多行业公司的价值。以特斯拉为例，它的核心竞争力不是一般的电动车，而是将核心智能芯片和电池管理越做越好，一般制造可能自己做，也可以外包。自动驾驶开启后，很多车厂的车型、商标价值可能都失去了意义，大量的价值都被具有核心能力的公司吸收。当前全球正处在技术和商业模式大变革的过程中，因此创新成为价值创造核心，相应估值体系发生了很大的变化。应该对研发、研究人占比、毛利水平、市场空间、技术优势对比、销售额增长、商业模式、公司生态等企业持续竞争力的因素进行更详细地分析进行估值，而非原来的同质化的估值方式。经济发生了非常大的变化，从工业化向信息化向知识化、数字化、AI等转换，所以价格发现的首要就是估值变化。现在国家也在推进一些未盈利公司上市，因为其在估值体系上出现了新的特征。整个经济结构变化引起了估值体系的变化，估值体系的变化又引起价格平价变化。中国现在推进注册制，而且允许各种亏损企业上市就体现了新的估值特征。

第二，在价格发现功能方面，更多的沽空金融工具是很重要的。中国很多公司的虚假性被披露后，并不会得到应有的惩罚，揭发的人也不会在股票市场上得到激励。所以中国也会加快所谓做空机制的存在，做空机制并不是人们认为的恶意行为，很多的企业都应该有做空机制，做空机制其实是一个发现价格均衡的利器，一般做空都不挣钱。但只要不是真的有问题，做空机制的建立对价格发现就具有重要意义。价格只有上涨、没有下跌的话，发现机制就是不存在的，所以金融衍生品和做空机制的存在为发现价格提供了非常宝贵的实践。

第三，价格发现要有好的监管体系。否则如果企业乱折腾，就会劣币驱逐良币。如果没有监管部门，就像前几年越垃圾的股票越炒，这样就没有价格发现功能了。

增强股市的价格发现能力，要让股票市场真正按照市场规则去运转，提高股市的效率，提高资本市场的公开、公平、公正，落实“三公”原则，使它成为一个健康的市场。市场本身不健康，就不可能真正发现价格。

除此之外，还要发展衍生品市场，比如国债期货、股指期货，外汇期货期权等。期货期权市场其实有更好的价格发现功能，通过这些市场对现货市场进行一个映射，使得现货市场的价格机制更趋合理。

资本市场结构也很重要，场外市场相当于小学、中学，新三板相当于高中，主板相当于大学，要有一个循序渐进的机制。如果这些上市公司没有经过如何遵守市场的基本准则、如何对待投资者等基础训练，还没经过多年的学习养成良好的习惯就直接上大学，可能短期内考试成绩比较好，但是其基本素养是不够的。我认为，要建立一个真正有层次、内在相互联系的资本市场合理架构，市场要做到能进能出，真正地保护中小投资者。大投资者在上市公司里很有话语权，而中小投资者的利益经常受到损害。真正保护中小投资者使资本市场是一个公平的市场，这样投资人就有信心，就能够长期投资于资本市场，对于股市的价格发现功能和长期投资都会有正面作用。

资本市场的一些具体制度仍有调整和改进的空间

深化改革，就要减少资本市场运作的行政干预，比如上市环节的注册制改革，要推行真正的注册制。公司上市后，监管部门不要过多关注股票价格、关注股指，应该更多关注上市公司的行为是否规范，上市公司、投资者和中介机构如果出现违法违规行为，要严加惩处。在保护中小投资者方面应该有些制度创新，比如举证责任倒置、集体诉讼等。

对于资本市场特别是股市，第一，要管住上市公司行为，作为市场参与者里的强势主体，上市公司、券商投行的大股东要按照规范去运作，比如信息披露，要监督其不断地改进、完善。第二，要保护中小投资者不受违法违规行为的侵害，其他方面我觉得监管部门不应该管得太多。第三，要健全市场体系。我们的市场体系还是有残缺的，比如债券市场分割，有没有可能相互挂牌使沪深两个证交所的股票，实现某种程度的联通？登记清算机构现在各管一摊，能不能让它们有一定程度的竞争？再从更长远角度来看，两个证券交易所是否可以成为市场化的机构，而不是成为证监会的派出机构、由证监会来决定高管任命，这都是长远的改革。总的发展还是要朝着更加符合市场发展规律的方向去深化中国资本市场体制机制改革，健全中国资本市场的结构。资本市场一些具体的制度方面还有很大的调整和改进空间，比如注册制可能还存在一些需要进一步完善的地方，场外市场非常松散、联通机制没有建立起来，新三板有些交易制度也还有待进一步的改进和完善等。

张承惠　国务院发展研究中心金融研究所原所长

张　平　中国社科院经济研究所研究员

如何让股市发挥投融资功能？

股市最重要的一个功能就是实现资源的配置，特别是资本或资金的配置。通俗一点来讲，就是优胜劣汰，把好的、有投资价值、对经济增长有积极贡献、对人民生活有积极意义的优秀企业通过市场的选拔机制选出来，配置好资源让它能够做的更好，创造更多价值，生产更多更好的高质量产品和服务，服务好消费者，也为经济的稳定增长做出更多贡献。同时把做的不好的、不创造价值的、没有很好的生产经营成果的企业通过市场机制淘汰出局。这是一个优胜劣汰的机制。

再延伸一些，股市包括两方面的拓展功能：融资功能和投资功能。融资主要是对企业来讲，通过市场的发行、增资、配股等一系列方式从市场筹集资金，然后为其生产经营，为进一步发展提供支持。投资是针对市场的投资者来讲，通过购买股票获得价值增值的机会。融资和投资是资源配置基本功能的实现方式，而资源配置遵循的原则就是优胜劣汰的原则。

融资功能及效率

当初建立股市时提出的最主要的一个功能就是为企业筹措资金，融资功能的发挥在股市三十年的发展中一直扮演着非常重要的角色。股市主要的功能就是融资，以至于有的时候，大家为了让融资功能发挥到极致，采取各种各样的手段，有一些企业为了融资、符合上市的要求，做了各种各样的工作，甚至对一些财务数据进行调整或美化；有些地方为了帮助本辖区的企业上市，也做了很多工作，投入很多资源。融资功能的发挥一直是股市最重要的一个方面，相对来讲，投资功能的发挥是最近几年才被重视起来。

融资功能在发挥作用的过程中，也经过不同的阶段，有各种各样的问题，最主要的一个问题是太重视市场融资功能的发挥，以至于造成很多企业上市就是为了融资，融资成为进入资本市场的唯一目标，不惜一切代价和手段，这就成了一个非常重要的问题。有时候为了满足融资的条件，企业可能会采取一些不正当、甚至违法违规的手段，所以出现一些财务数据、经营信息等的造假行为，夸大利润，进行成本的转移，甚至欺诈上市等手段，在市场上屡见不鲜，后来就越来越严重，成为市场的一个毒瘤。欺诈上市是目前证券市场的所有违法案件中最严重的一个问题，相关部门也查出了不少案件。

第二个方面就是导致“三高”。为了融资不惜一切代价，认为募集的资金越多越成功，而不是按照企业真正的发展需要募集资金，往往会出现超募，即募集到的资金远远超过需要的量，造成资金浪费，这也是很重要的一个问题。所谓的高募资、高比例的配送、高的市盈率，导致了实际的资金需求和募集资金之间处于很大的不一致，浪费了资金。

第三个方面就是资金的滥用，为了融资而融资，在设计投资方案的时候，企业并不完全实事求是地按照主营业务发展的要求或者生产经营的需要来设计资金募集方案和使用方案，有些可能就胡编乱造，根本没有能力去搞那些项目、投资，通过虚假的项目来募集资金，实际上项目无法落实，资金被滥用、浪费掉了。

除了这些问题外，实际上最重要的问题并不是说融资本身怎么样，最重要的问题就是由于市场是为了融资而融资，所以导致没有很严肃认真地去关注投资者的利益，出现了各种各样损害投资者利益的案件，甚至把市场的融资称之为圈钱，有了一个非常负面的评价，甚至更有人提出，市场就是“割韭菜”，一拨一拨地割，这种负面的评价都是因为上市公司只是一味地从投资者那里募集资金来实现融资的目的，而不是真正从创造价值的角度为投资者提供更好的投资回报，不关心投资者的利益，这是一个最严重的问题，使整个市场的功能出现了不平衡，让大家对市场越来越失去信心，市场在投资者心目中的评价越来越糟糕。这是一个最根本也是最大的问题。

注册制的推出

注册制的推出对市场有深刻和根本性的影响。前面我们讲到了融资方面的很多问题，非市场化的因素对融资的影响比较多。一开始我们是审批制度，批准以后才能上市，这其中就有权力的使用问题，如果使用不当，批准以后融资有可能就会成问题。

核准制也有各种各样的要求和门槛，对选择优秀的上市公司起到积极的作用。或者说对业绩不好的上市公司起到一定的阻挡和拒绝作用，有时候也可造成一些发展前景很好、但不一定达到上市要求的企业很难在股市获得融资的困境，这是把双刃剑。实施注册制从某种程度上来讲，就可以打破非市场因素对融资过程的干扰，让融资过程更加市场化，让市场和投资者在选择优秀上市公司上发挥更重要的作用，融资过程效率会进一步提升。特别是上交所的科创板和深交所的创业板引入了注册制，这个制度的变化让更多具有竞争力、科技含量比较高、有创新和研发能力的企业获得在资本市场融资的机会，从而让这些企业能够获得更多的资源，能够更好的发展。从市场来讲，就是能够获得越来越有竞争力的优秀的上市公司。从整个宏观经济来讲，经济结构能够进一步改善，经济活力和创新性能够进一步提升。这都是通过注册制的引进突破原来非市场因素的干扰，从而让市场能更好发挥优胜劣汰的作用。注册制实际上就是让市场机制能够在资源配置中发挥更加积极的作用，但是，这就需要我们市场的主体能够承担起相应的职责。核准制是由证监会召集相应 的专家组成发审委，审核拟上市公司的材料，这是由监管部门来主导的，责任就在监管部门。变成注册制后，证监会不再负责发行审核的事务，相应工作由证监会下放到市场，这就需要依靠市场的力量来实现。现在是由交易所来主导，建立发行、上市、审核的一系列机制、制度，这就需要交易所及相应的制度建设起来以后，能够比较好地运转，把功能很好地发挥出来。

现在看来，无论是科创板还是创业板，注册制下的制度安排运转比较良好，相关的市场主体能够发挥好应该具有的功能，但是否能够持续发挥好它的功能，还需要经过时间考验才能够下结论。另外，注册制让市场更好地发挥作用，除了在上市发行阶段要让市场的机制发挥作用以外，还要有很好的退市机制，经营不好的企业要能够高效地退出市场。目前来讲，退市机制的建设仍是一个很复杂的问题，尽管我们在不断推进市场化的退市机制，也就是跟注册制对应的退市机制，但是仍然需要时间来积淀，才能够不断地完善。还有就是投资者的利益保护机制，原来在核准制的情况下，投资者可能更多会把相关的责任归结于证监会，因为证监会主导了上市和审核，上市公司一旦出了问题，大家都会自然而然地去找证监会，让证监会去解决问题，但是实施注册制后，上市审核机制下放到市场，这就需要建立新的适合注册制的一套保护投资者利益的机制。

从其他国家的经验来看，通过市场的手段保护投资者利益可能是更恰当的，如比较成熟的一些市场，推出的所谓集体诉讼制度等安排。这些安排不仅仅需要市场来建立制度，还需要其他方面的配合，如司法方面一些制度的配合，所以从这个意义上来讲，就需要整体围绕着资本市场的各种制度建设和改革系统性考虑、推进，不单单对发行上市制度进行改革，还需要信息披露制度的进一步完善，因为注册制的核心就是通过严格的信息披露让投资者获得足够的信息，做出合理的判断，然后决定是否投资，所以信息披露是注册制最基础的制度安排。在这方面，现在可以看到两个交易所在科创板、创业板的制度安排里，对信息披露也有了更高的要求。同时，新修订的《证券法》实际上对信息披露也有了更高的要求，其中上市公司在信息披露方面的责任更大。

平衡好投资和融资功能

融资功能的发挥，首先不能再一味地强调建立市场就是为了实现融资，或者说，从企业的角度来讲，通过公开发行或其他的手段募集资金，进入资本市场，不再简单地是为了融资，为了获得资金。这个观念一定要改变。从市场的角度来讲，资源配置的机制是同时服务企业和投资者，而不是只为企业提供融资服务。我们要充分、完整地认识市场的功能，不是简单地像以前那样一味强调发挥融资功能，忽略了投资功能。这一点如果做不到，市场融资的作用就会越来越受到限制，大家可能越来越不愿意把它看成是资源配置的机制，只把它看成是圈钱的机制，然后越来越倾向于短期炒作，而不是长期投资。这对市场的稳定发展会起到严重的阻碍作用。

进一步地，希望能够尽快把科创板和创业板已实施的注册制中成熟的、好的经验和做法推广到中小板和主板市场，让整个市场都能实施注册制，让市场机制在企业融资上市中发挥更好、更重要的作用。

对于前面提到的一系列配套的条件、措施和领域，要推进其改革和完善，包括信息披露、投资者利益保护、退市机制建设等，要更好、更快地推进改革以适应注册制的基本要求。

从市场本身的角度来讲，作为一种资源配置的机制，市场同时提供投资和融资两方面的服务，不能偏颇，我们要有充分的认识。从经济社会发展的角度来讲，需要投资功能发挥越来越重要的作用。

随着我们国家从小康社会向更加富裕的社会发展，我们的居民除了解决吃饱饭的问题，还要实现更多对美好生活的追求。这其中有各种各样的投资需求，以及对医疗、教育、养老等方面的更高需求。只有很好发挥投资功能的资本市场，才能让养老基金、退休金、企业年金、保险金、教育方面的基金等能有投资增值的场所，把这些长期追求价值稳定的投资渠道打通，这样大家除了吃饱饭，才能够有一定的经济基础来支持美好生活理想的实现。资本市场投资功能的发挥，在其中应该扮演基础性的角色。

赵锡军　中国人民大学财政金融学院副院长

第三章
A股距离牛市有多远？

从规模上来看，中国股市已稳居世界第二，其国际化水平和优秀公司的数量和质量也与日俱增。可以说，中国用三十年时间完成了其他国家用一百多年时间才能完成的任务。对比中国与美国等股市的发展背景和现实条件，对于构建A股价值投资理念之下的长期牛市有着突出的现实意义。

A股向牛市稳步迈进

自2019年沪指2440点以来，A股开启了第五轮牛市行情。然而，行情的发展并不如2005年和2014年两次牛市那样迅猛，沪指在3000点附近的波动周期就超过了一年，市场多空博弈激烈，影响行情走势的外部因素众多，尤其是宏观经济增速放缓影响大盘重心上移，高估值成长型品种成为投资者炒作热点，行情结构性差异似乎对场外增量资金造成困扰，后市行情发展也出现分歧。

尽管面对着绝对经济增速放缓的问题，但是在全球货币宽松的背景下，中国经济增长速度要优于世界其他主要经济体，经济发展的质量也在不断提升，可持续发展观念深入人心，维护金融市场秩序的规范不断完善，A股市场化改革进程不断推进，国际资本持续流入的趋势并未改变，国内资本市场发展潜力不断释放，A股牛市仍有望稳步迈进。

2019年扭转颓势 2020年强势初现

A股是否处于牛市阶段？这是投资者选择主要投资策略的重要基础。自2015年沪指5178点以来，无论是2015年的沪指2850点，2016年的沪指2638点，还是2019年2440点，沪指每一次调整低点都在不断下探；然而沪指从2440点以来，多次回撤调整，最低调整位置为因纽约封城而出现了沪指2646点，可见市场低位在不断抬高，沪指2440点为重要牛市起点。

另一个验证牛市格局的市场技术指标就是30月均线。无论是1994年的沪指325点，2005年的沪指998点，还是2013年的沪指1849点，这些牛市起点出现后，其后的月K线行情均出现有效上穿30月均线的走势。A股第五次牛市行情上穿30月均线出现在2020年的6月，其后7月的放量上涨走势则进一步确认了此次上穿技术形态的有效性。

第三个市场技术性强势则是2020年4月至8月的五连阳月K线表现。在A股历史上，月k线出现五连阳的走势一般是在牛市上行阶段，若月K线五连阳表现发生在A股熊市阶段，则其后第六个月的市场调整幅度较大，致使A股延续熊市下行趋势。而此次月线五连阳不仅有效上穿30月均线，并进一步巩固自沪指2440点以来稳步回升局面，因此，2019年A股是扭转颓势，2020年A股则强势初现，加之沪指编制修改有利于指数向好，牛市发展的技术形态依然可以确认。

上证指数

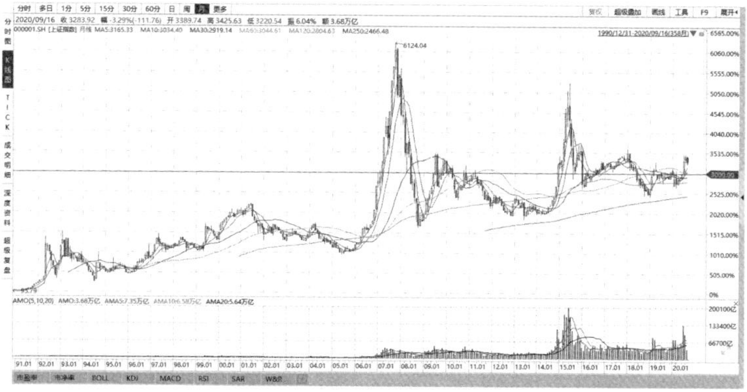

数据来源：wind

疫情防控效果较好　疫苗研发形势乐观

疫情的广泛影响导致全球经济陷入衰退，2020年第一季度国内经济增长也因此基本停滞，不过，国内的防控疫情效果却在全球卫生防疫体系中表现优秀。作为全球人口大国，国内对疫情重灾区的果断隔离措施，各地医护工作者逆行向前的精神，一方有难八方支援的协作抗疫局面，科学防疫理性防疫知识的广泛传播等积极有效措施将国内疫情爆发势头迅速遏制，疫情防控效果获得世界卫生组织的认可及称赞。

即便是在二三季度，偶有零星边境城市出现疫情冒头情况，相应的防疫检测措施也是迅速有效的，国内整体疫情状况已经得到有效控制，这对社会经济生活的恢复发展至关重要。

从全球疫情发展来看，部分发达国家疫情防控虽然基本上进入稳定阶段，但部分发展中国家疫情状况却有大幅增长的迹象，因此，全球疫情防控形势依然严峻。随着各国疫苗顺利上市，尤其是国内疫苗以卫生公共产品的形式服务全球防疫工作，全球疫情受控并最终被全面遏制的前景值得乐观。疫情防控效果有利于全球经济恢复，也有利国内经济的进一步增长。

宏观经济恢复形势较好

由于国内疫情发生初期的防控效果较好，自2020年4月开始，国内经济就开始全面复工复产进程。从经济恢复的效果来看，各项经济指标均有较好增长。整体来看，投资和出口仍是拉动经济恢复的主力，汽车消费恢复形势较好，其他消费仍受制于居民可支配收入的增长，国内发展预期依然乐观，制造业和服务业PMI连续多月份高于荣枯线，宏观经济持续恢复增长利多资本市场行情发展。

人民币汇率走强 中美利差扩大

由于外贸形势超越预期的恢复，人民币兑美元汇率水平也进入升值周期，2020年5月底，人民币兑美元汇价最低探至7.1765，9月中旬人民币兑美元汇价就上升至6.7501，升幅达到6.31%。其实，从美元指数来看，自2020年3月份以来，美元指数就一直呈现盘弱的趋势，但是，从2020年7月下旬开始，美元指数下行趋势有所控制，这与欧盟、日本等全球其他经济体疫情防控形势波折，复工复产相对缓慢的情况有关。然而，人民币兑美元汇率自7月以来就呈现强势上行势头，这与国内外贸形势好转，宏观经济恢复增长好于预期不无关系。另外，受疫情影响，全球主要经济体都采取了极度宽松的货币政策和积极的财政政策，而国内由于疫情防控较好，复工复产恢复形势乐观，货币政策并未大幅宽松，利率水平还有所回升。

2020年8月，社融存量规模同比增长13.3%，新增社融规模3.58万亿，同比多增1.39万亿元，其中新增政府债券融资规模1.38万亿元，为历史单月最高值；新增人民币贷款1.42万亿元，企业中长期贷款新增2967亿元，企业短期贷款新增402亿元，票据融资减少4102亿元，居民贷款新增8415亿元。从2020年8月以来的社融存量规模、新增人民币贷款等数据的增长情况可见，国内货币当局提供货币供给规模仍保持适度增长，但是在结构上进行了调整，意图将金融资源更多引导向实体经济，减少中间环节的低效损耗，因此，尽管资本市场无风险利率水平有所上升，但企业所愿意且能够获得的金融资源仍在持续增加。目前，中美10年期国债收益率利差在持续扩大，国际金融资本流入国内的趋势也推高了人民币兑美元汇率。当然，我们也认为人民币兑美元大幅升值也不利于国内外贸行业，预计该汇率水平将维持区间波动，助力全球经贸形势逐步改善，间接利多国内资本市场。

注册制改革有利于A股市场化进程

随着宏观经济持续恢复，国内资本市场的改革发展也在持续推进。在沪市设立科创板并试点注册制之后，深市创业板注册制改革也迅速跟进，尤其是创业板发展阶段和市场定位不同于科创板，相关制度设定也体现了差异化特征，反映了注册制改革持续深入的发展趋势。

第一，设置拟上市公司行业负面清单，包括农林牧渔、制造业、纺织业等传统行业，但与新技术、新产业、新业态、新模式深度融合的相关企业仍可以获得融资支持。

第二，设立审核时限，即深交所发行上市审核和证监会注册的工作时限设立为3个月，这有助于拟上市公司融资计划安排。

第三，专门为红筹公司和存在表决权差异安排的企业设立上市标准，包括有预计市值不低于人民币100亿元，且最近一年净利润为正及预计市值不低于人民币50亿元，最近一年净利润为正且营业收入不低于人民币5亿元的两项可选要求，有助于香港红筹公司及海外上市的特殊股权安排中资企业回归国内资本市场。

第四，创业板注册制发行跟投机制暂适用于创业板未盈利企业、存在表决权差异安排企业、红筹企业以及发行价格较高的企业，因此，在创业板注册上市对于资本实力较小中介机构相对有利。

第五，由于创业板股票日涨跌幅限制扩大至20%，相关创业板指数型基金及类似基金产品也将涨跌幅限制扩大至20%。当然，沪深证券交易所注册制机制下的新股发行节奏仍需要考虑A股中短期的承受能力，但发行审核权限下放、发行制度的市场化改革以及创业板存量股票日涨跌幅的扩大等都为A股进一步市场化改革做好了铺垫，打下了基础。随着发行制度的改革，国内资本市场有望吸纳更多高科技优质龙头企业入驻，投资者因此有望获得较好投资标的，进而吸引场外资金持续流入。

新《证券法》增强保护投资者利益

多年来，A股中小投资者热衷于市场投机，而对长期投资获取回报并不抱期望，其中一个重要原因就在于面对损害中小投资者利益的情况，A股散户们往往缺乏有效法律工具来维护自身利益，主要表现为证券民事诉讼涉及投资者人数众多，单个投资者起诉成本高、起诉意愿不强等特点。

2020年3月实施的新《证券法》新设专章规定了投资者保护制度，包括发挥投资者保护机构的作用，允许其接受50名以上投资者的委托作为代表人参加诉讼；允许投资者保护机构按照证券登记结算机构确认的权利人，向人民法院登记诉讼主体；建立“默示加入”和“明示退出”的诉讼机制，为投资者维护自身合法权益提供方便的制度安排。

当然，投资者保护工作任重道远，在具体司法实践上仍可能面临诸多问题和障碍，新《证券法》的这一规定表明了维护投资者合法权益这一资本市场法制改革的重要方向。资本市场规范化发展将有利于增强市场的公信力，有利于社会资本获取更加公平诚信的投资环境，有利于A股市场长期持续健康发展。

中长期资金持续流入预期乐观

尽管，A股在2020年一季度行情出现较大幅度波动，然而，通过沪深港通交易机制进入A股市场的北向资金净流入的总体规模仍在持续增长。北向资金重仓持有的A股品种多为国内各行业龙头上市公司，且持股周期较长，持股稳定性较好。

除了海外资金入市以外，国内中长期资金入市预期也比较乐观。2020年7月银保监会发布的《关于优化保险公司权益类资产配置监管有关事项的通知》中表示，权益类资产配置占比最高可占到上季末总资产的45%，而目前险资配置A股占比仅在10%左右，显然这一比例仍有较大提升空间。随着银行理财子公司大量获批设立，受益于制度红利，银行理财子公司与母行发行产品势必形成差异化发展，或加大风险资产的配置比例，尤其是权益类资产。2019年底，银行业非保本浮动收益类理财产品余额为23.4万亿元，而在各类银行理财产品中配置权益类资产的比重仅为7.56%。预计未来通过银行理财子公司投入A股的资金规模仍将持续增加。

此外，公募基金发行状况也在改善。截至2020年9月中旬，公募基金发行股票类基金和混合类基金规模分布达到2658.89亿份和10664.23亿份。随着银行保本类理财产品收益类下滑，部分居民资产开始由理财产品转向公募基金。可见，入市资金的持续增长预期利多A股重心逐步向好形势。

蓝筹股估值仍具吸引力

受到2020年初疫情影响，A股蓝筹板块业绩出现较大负增长，加之市场投资者偏好高估值成长品种，2020年年内A股蓝筹板块表现整体偏弱。不过，随着宏观经济持续恢复增长，蓝筹板块业绩改善或为大概率事件，因此，其估值继续下移概率偏低。A股蓝筹的估值吸引力犹在。当然，A股高估值品种调整压力依然存在，尤其是恶意投机品种面临较大的市场波动。预计新增的中长期入市资金或将是优选低估且业绩增长形势好的行业龙头品种，而受益蓝筹股估值回升过程，A股市场重心有望逐步上移。

综合来看，无论是从市场技术面、宏观基本面、疫情防控形势、改革发展进程、中长期资金流向以及蓝筹股估值水平，A股牛市格局并未改变且其重心上移趋势依然稳健。当然，目前高估值品种仍面临一定调整压力，低估值且业绩成长预期良好的行业龙头品种有望成为稳健资金的优选。

李大霄　英大证券首席经济学家

中美股市对比启示录

中美股市反映了两国经济发展阶段的不同以及经济成分的差异，虽然不应该简单、机械地对比和追求接轨，但在注册制改革、健全退市制度、发展壮大机构投资者以及提升上市公司治理水平等方面，A股应该学习美股的经验，加快自身的发展和成熟。

在“双循环”的背景下，疏通国内投资者与企业融资间的“内循环”是当前更为重要和紧迫的任务，而全面提升上市公司治理水平和盈利能力是这一任务的重中之重，这需要在提升国企经营层的激励机制、更健全的法治环境、更稳定的政策预期以及提升民营企业家的长期信心和企业家精神等全方位发力。同时，要按照人民币国际化和资本项目开放的战略需要，按节奏提升资本市场的开放度，促进投融资的“外循环”。

上市公司分布反映中美经济构成的差异

从中美上市公司分布状况来看，两国股市主要存在以下三方面差异：

一是，金融和传统制造业在A股中占比显著高于美股。在过去40多年里，中国经济依托人口优势，向发达经济体发起赶超。而以欧美为代表的发达国家已经历了超过百年的工业化历程。表现在产业结构上，美国的服务业及高科技产业在经济总量中占比很高。而中国经济经过40多年的飞速发展，传统制造业已经实现了超越，但在高科技和服务业等领域仍处于追赶状态。这种经济构成上的差异反映在了股市上，即A股中金融、工业、原材料和能源等传统行业的市值占比都明显高于美股，而通信、信息技术等高科技行业的市值占比明显偏低。

图表 1-1　　沪深 300 与标普 500 行业构成对比

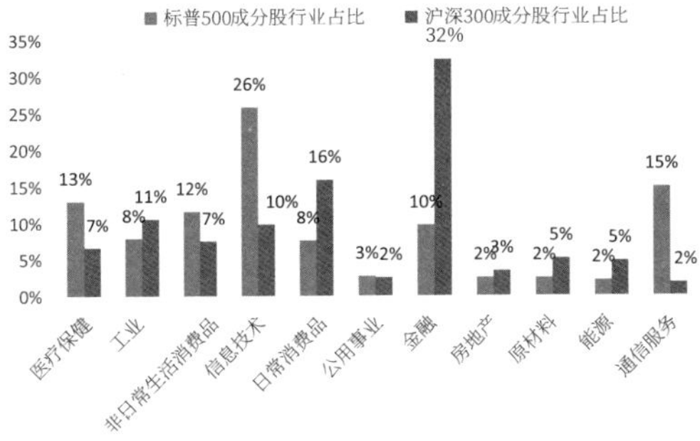

来源：Bloomberg，中泰证券研究所

二是，上市公司行业分布的差异反映了中美两国经济处于不同的发展阶段。20世纪八九十年代以来，随着信息技术革命和经济全球化的推进，美国经历了一轮去工业化的过程，第二产业占GDP比重一路下降至18%，而第三产业占比则上升至81%。与此同时，中国沿海地区利用自身优势相继步入工业化阶段。中美上市公司的行业构成在一定程度上反映了两国经济所处的不同发展阶段。

从上市公司具体行业占比来看，A股中信息技术、通信服务等科技类行业占比明显低于美股，反映了我国高科技领域仍在奋力追赶的现状。在消费品行业中，A股日常消费品（必需消费品）占比高于美股，而非日常生活消费品（可选消费品）占比低于美股，这可能与我国居民收入水平还处在明显低于美国的阶段有关。

三是，A股国企市值占比较高也反映了我国经济的成分构成。与美国等资本主义经济体不同，中国是以公有制经济为主体的社会主义市场经济，国有企业在经济中占有重要地位。A股市场的国有控股企业的市值占比一直比较高，虽然自2007年以来，国企市值占比明显下降，但到目前仍在40%以上。以金融、能源、传统工业为主的国有企业在A股中占有较高比重，也是与美股的重要差异。

多因素导致A股估值高于美股

从估值的角度来看，A股估值高于美股主要有以下几方面原因：

其一，A股整体估值水平长期高于美股。比较A股和美股的主要股票指数的市盈率（PE），除了沪深300指数受权重较大、估值较低的银行股影响外，其他A股主要指数的市盈率过去长期高于美股。如果从各指数成分股的市盈率中位数来看，A股主要指数的市盈率过去长期明显高于美国。

其二，审批制下A股供给不足和缺乏严格退市机制是A股高估值的主要原因。A股市场长期的高估值现象与A股的供给机制有关。以过去很长时间绩差股受追捧的现象为例，在缺乏严格的退市制度时，小市值的绩差壳股退市的风险有限；同时审批制下股票市场的供给不足，因此即使业绩很差，但在“借壳”、跨界并购重组等事件的驱动下，绩差壳股仍可能会出现惊人的涨幅。

2016年以来金融监管趋严，A股估值也趋于回落。从2016年到2020年9月，A股总共有1269只新股上市，仅有34只退市。绩差股的股价无法完全反映其退市预期，导致股价和业绩不匹配，拉高了A股市场的估值。在纳斯达克市场上，上市公司退市是一种十分普遍和正常的市场行为。据统计，纳斯达克市场80%的股票在上市后的第三年便因公司破产或被购并而退市。2016年到2020年9月，纳斯达克IPO上市764家公司，退市714家，退市数量与IPO数量相当。在优胜劣汰的市场机制下，股价和业绩的匹配度更加合理，就不容易出现过高的估值。同期，纳斯达克成分股的PE中位数保持在28倍附近，同期A股PE中位数则在44倍附近。

其三，A股个人投资者占比高、市场波动大。A股市场中个人投资者较多，市场非理性程度较高，也造成了A股市场长期的高波动、高换手的现象。更剧烈的短期波动、更大的投机氛围会造成投资者更关注股价短期波动，而降低对估值等中长期指标的关注。长期以来，美国三大证券交易所中，个体散户日均成交量仅占总体成交量的11%。2020年上半年美国散户交易异常活跃，散户交易量占比也仅上升20%。而根据上交所公布的数据，A股市场中散户交易占比常年保持在80%以上。相对机构投资者，个人投资者往往更容易追涨杀跌、炒作题材、频繁交易等，造成A股的波动率长期明显高于美股。2020年上半年美股散户交易量创新高，美股指数的波动率也升至高位。

其四，A股上市公司治理水平提升空间大。过去30年间，中国的经济增速显著高于美国，但A股的整体涨幅大幅

图表 1-2　　中美主要指数波动率对比

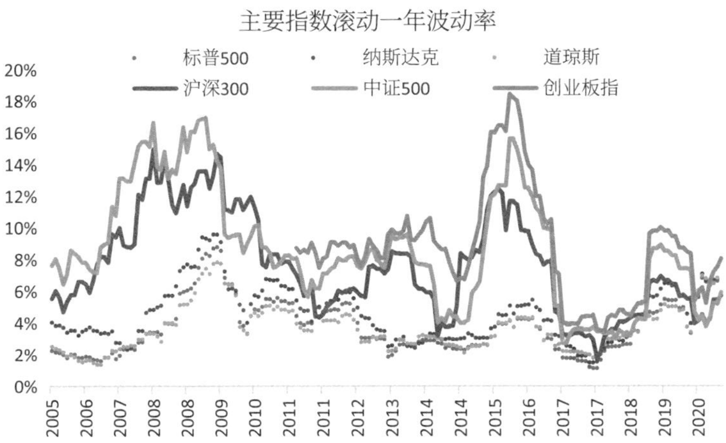

来源：wind，中泰证券研究所

低于美股，A股上市公司的盈利能力也明显偏低。在经济增速更高的大环境下，盈利能力却明显偏低，这说明A股上市公司的治理水平有待提高。统计发现，美股近10年ROE（净资产收益率）稳定高于15%的公司有161家，近10年ROA（资产收益率）稳定高于10%的公司有53家。而在A股市场中，近10年ROE稳定高于15%的公司仅18家，是美股数量的10%；尚没有近10年ROA稳定高于10%的公司。当然有一部分原因是A股部分优质公司上市仍不满10年，但A股上市公司的治理水平提升空间较大的结论是不难得出的。

其五，静态估值可能一定程度上反映了对未来预期的差异。一方面，美股短期激励力度大，静态估值可能被低估。在理性和有效的市场中，静态估值反映未来的预期，即假如预期未来上市公司的盈利上升空间大，则市场会给予当前更高的静态估值，反之则给予更低的静态估值。美股上市公司短期激励力度大，华尔街资本和经营层的职业经理人都有极大的动力做高当期的盈利，从而使得静态估值看起来比较低。

以A股中的消费龙头股贵州茅台与美股中消费龙头可口可乐、星巴克、麦当劳为例。从静态PE看，贵州茅台接近50倍，明显高于可口可乐（23倍）、星巴克（27倍）。[①]但进一步分析，会发现美股消费龙头的资产负债率都远高于贵州茅台。星巴克和麦当劳的资产负债率甚至超过100%。从理论上讲，资本结构对公司长期价值的影响不大，但对短期业绩的影响非常明显，因此会造成当前的静态PE可能失真。比如一个公司短期大幅提升杠杆，可能使得短期业绩暴增，静态PE下降，但其未来继续提升杠杆的空间就没有了，且高杠杆可能降低未来的稳健性，当前PE值就可能低估了。

另外，统计美国标普500指数成分股中市值最大的60家

---

① 上述数据截取时间为2020年9月前后。

公司资产负债率、过去10年回购股数占比、研发支出占营收的比例，可以从中发现职业经理人掌控的公司表现出更高的负债率和更大的回购力度，而研发支出占比却明显较低。可见，职业经理人更加追求公司的短期业绩和股价表现。随着美股上市公司的创始人及其继任者陆续退出（美股很多科技公司都是20世纪80—90年代成立的），职业经理人接管，美股急功近利的现象将会更加明显。

另一方面，A股静态估值偏高可能与未来提升空间大的预期有关。理论上讲，给“好公司”更高的估值、给“差公司”更低的估值才是理性的。但如果是看静态估值的话，更严谨的说法应该是给“未来会变好的公司”更高的估值。因此，认为“A股上市公司治理水平低、盈利能力差，所以估值应该比美股低”的结论是不充分的。

中美股市对比下的启示

经过对中美股市的对比，可得出以下启示：

一是，加快推进注册制和退市制度等市场化改革。从前文的分析可以发现，A股与美股在行业构成等方面的差异可能主要由两国经济发展的阶段和构成决定的，更多的是“股市反映经济”的客观结果。而A股估值长期偏高则更多是资本市场制度层面的差异造成的，加快推进注册制和退市制度等市场化改革是A股当前最需要的。加快推进注册制以及退市制度，才能有效扩大供给，实现优胜劣汰，使得A股整体估值水平保持合理。以美国纳斯达克市场为例，上市后累计涨幅超过1000倍的公司有6家，超过100倍的有50家以上，超过10倍的有200家以上，但是累计退市的公司超过10000家。可见纳斯达克指数的巨大涨幅以及伟大公司的出现都是建立在大浪淘沙、优胜劣汰的基础上。中国经济已经迈入存量时代，企业优胜劣汰的竞争加剧。加快推进注册制改革，让更多企业得以在资本市场中竞争，并在退市制度下淘汰落后公司，保留优质企业，这样才能提升上市公司的整体质量，也才能真正发挥股市优化资源配置的功能。

二是，培育和壮大机构投资者，提升A股的开放度。资本市场要发挥优化资源配置的功能，需要对上市公司的质地和发展前景等进行专业的评估，具有较高的专业门槛，而大部分个人投资者很难具有足够的专业能力。国内外的实证数据都表明，当个人投资者交易占比上升时，市场的波动率、换手率以及非理性特征都会明显增加。可见，培育和壮大机构投资者，引导个人投资者通过公募基金等专业机构参与股票市场投资，能提升市场的理性程度，更好的发挥资源优化配置的功能。

此外，要提升A股的开放度。随着外资金融机构参与内地市场的广度和深度提升，外资相对成熟的投资理念、对监管的需求等能促进A股市场的成熟发展和监管制度的完善。

三是，全面提升上市公司治理水平。全面提升A股上市公司的治理水平，提高长期盈利能力，才能给长期投资者、价值投资者带来较高的回报，才能促进资本市场投融资功能的良性发展。

一方面，要加强和完善对上市公司的监管，提高违法成本，消除各种制度套利和“钻空子”的空间，遏制各种“赚短钱、赚快钱”投机风气，促使上市公司更加专注长期经营和提升长期盈利能力。近年来，监管力度已经明显增强，也取得了一些效果，比如监管机构和交易所对上市公司信息披露和财务数据等方面的问询、批评、谴责等数量不断增加。

另一方面，上市公司治理水平的提升还需要更市场化的激励机制、更完善的法治环境、更稳定的政策预期，以及更强的企业家信心和企业家精神等。整体的营商环境和社会文化氛围对长期提升上市公司治理水平可能至关重要。

四是，多举措需要协同推进。促进A股市场的发展成熟是一个系统工程，需要各方面的举措协同推进。比如，在审批制和缺乏退市制度下，A股供给受限，“壳股”容易被炒作，这些会造成整体估值偏高、市场波动大等，从而会诱导投资者频繁交易、相互博弈，追逐短期投机收益，而更理性的机构投资者不容易发展壮大。上市公司治理水平偏低，长期盈利能力不足也会使得价值投资理念失去市场。另一方面，市场整体估值偏高，投机氛围浓厚，又会使得上市公司股东和经营层有更高的“赚快钱”和“钻空子”的冲动，甚至可能存在少数企业主将上市套现作为“终极目标”，而失去专注长期经营的动力，这会进一步降低上市公司的盈利能力。

可见，这些阻碍A股市场发展成熟的问题相互影响、错综复杂。需要多举措协同并进，才能打破这些恶性循环，促进A股市场成熟发展。

在“双循环”背景下对A股改革的建议

首先，疏通“内循环”是当前更重要的任务。如果将国内投资者的投资需求和企业的融资需求对接称为“内循环”，国内投融资需求与国外资本对接称为“外循环”，那么疏通“内循环”应该是当前更重要和紧迫的任务。

一方面，我国居民储蓄余额高达80万亿元，居全球第一，与发展中国家的地位极不相称，居民储蓄率也高达45%；另一方面，国内中小企业普遍面临融资难的问题，直接融资的比重不到20%，远低于美国直接融资比重（接近90%）。疏通投融资的“内循环”，提高股权融资在社会融资中的比重，既可以拓宽企业的融资渠道，降低企业的杠杆率水平，又可以缓解优质股权类资产供不应求的局面，改善中国居民家庭的资产配置结构，从房地产领域部分转到金融领域。

提升上市公司治理水平是疏通“内循环”的重中之重。这需要在提升监管水平、完善国企经营层的激励机制、更健全的法治环境、更稳定的政策预期以及提升民营企业家的长期信心和企业家精神等全方位发力。

其次，有序推进投融资的“外循环”。提升A股市场开放度，促进投融资的“外循环”，有利于引入国外金融机构的成熟理念，促进A股各方面的成熟发展。近年来不断提高QFII和RQFII的额度乃至近期取消额度限制，以及与港股互联互通机制的建立等，都有效提高了A股市场的开放度。但相比其他新兴市场，A股的开放度仍较低。我国股市中外资持有的股票市值，占A股总市值的比重，不足3%。相比之下，印度、中国台湾、韩国等其他新兴市场的外资占比均超过20%。

在外资持有A股市值占比明显低于其他新兴市场的情况下，取消QFII和RQFII额度并没有马上带来外资大量流入（取消之前的额度就没有用完），说明外资参与A股的深度和广度可能主要基于市场判断以及资本进出自由的便利度。可见，提升A股的开放度一方面需要提升A股的吸引力，另一方面可能需要与人民币国际化和资本项目开放的节奏同步。

李迅雷　中泰证券股份有限公司首席经济学家
唐　军　中泰证券研究所金融工程首席分析师

第四章
破解投、融资困局与难题

“从大国到强国，实体经济发展至关重要，任何时候都不能脱实向虚。”习近平总书记的这一表述，为实体经济发展重要性及其与资本市场的关系给出了明晰的界定。在这种维度之下，如何推动金融脱实向虚，如何实现资本市场与养老金等的共生，以及如何明确公募基金的价值和使命，都有着现实意义。

如何推动金融脱虚向实

习近平总书记2018年在广东调研考察时说，“从大国到强国，实体经济发展至关重要，任何时候都不能脱实向虚。”为防止脱实向虚，壮大实体经济，资本市场应起到更好为实体经济服务的作用。

中国实体经济的规模已经非常大了，从GDP总量来看，中国现在是全球第二大经济体。2019年，全球GDP总额为87万亿美元，美国GDP约为24万亿，中国约为16万亿，日本约为6万亿。在中国金融对经济的服务方面，每年社融的百分之六七十是通过银行体系提供的，资本市场股权融资占比不到社融的6%，债券融资也只有10%左右，还有百分之二十左右的影子银行即变相的“非标”债务。这样一种金融对实体经济的服务方式在过去四十年发挥了非常大的作用，银行体系提供给经济体资金的方式为间接融资，资本市场提供资金的方式是直接融资。间接融资速度快、效率高，可以“集中力量办大事”，但它回避了很多基本金融属性的问题。

在资本市场方面，美国有世界第一大股票市场和债券市场，中国现在是第二大股票市场和债券市场。但是美国股市规模将近300万亿人民币，中国将近60万亿，美国是中国的五倍；美国债市规模将近300万亿人民币，中国将近100万亿，美国是中国的三倍；中国银行存款规模约200万亿人民币，而美国只有100万亿，中国是美国的两倍。

和美国资本市场相比，我国资本市场对实体经济的支撑作用要小得多，这是我们金融服务效率低的一个原因。尤其是科技创新领域的中小企业，从银行体系获得资金支持很困难。这些新兴企业一般风险比较高，缺乏抵押、担保以及信用，投入比较大，但潜力很大，对经济增长的附加值会越来越大。它们从银行体系很难获得贷款支持，而且当前资本市场对它们的服务能力也非常有限。这些企业在国内上市往往比在美国还困难，我国上市企业中传统企业居多，1992年至2021年，已有近400家中概股在美国市场上市，这些企业所在行业大多以信息技术和可选消费为主。

相比我国目前实体经济的规模，资本市场的服务能力非常有限，同样1块钱的GDP产出，美国有3.95元的资本市场融资支撑，而中国只有1.61元。这个矛盾在21世纪第一个10年以后越发突出。企业通过银行体系融资渠道狭窄，特别是中小微和轻资产的服务型企业，没有抵押资产和担保，很难从银行贷到资金，这是由银行的风险厌恶属性决定的，美国也是一样。进入21世纪以来，影子银行出现，通过理财产品、信托产品等“金融创新”手段将部分银行资产挪出银行的资产负债表，形成了将近55万亿规模的所谓“非标准化债权资产”或非标资产，其目的是想要解决这一问题，但这部分资金也还是以“刚性兑付”的债务形式存在。中小企业融资难问题并没有得到解决，金融体系的杠杆却越放越大，后来开始去杠杆，试图通过“资管新规”来规范非标投资业务。公募基金规模发展较快，但是其百分之七八十的投资都投向货币基金，钱没有真正投到实体经济里。股市方面，60%的利润是由金融体系创造的，市值最大的上市公司也多是银行，真正需要钱的领域、对经济贡献大的部门却很难从金融体系获得资金服务和支持。这个问题近年来越来越严重，这就是所谓脱实向虚的最大问题。

要解决脱实向虚的问题，需要大力发展资本市场。通过资本市场的有效运营，实现金融资源的有效配置，否则钱就会流向没有效率但是有资产、有抵押的领域。房地产价格越炒越高就是因为资金没有去处，而房地产可以作为抵押品。这种情况下，真正需要资金支持的企业融不到钱，整个资金市场的价格也很扭曲，要破解这个问题就必须要大力发展资本市场。中国的资本市场经过三十年的发展，从无到有，已经取得巨大成就：四千多家上市公司，行业门类和层次齐全，股市债市都已成为全球第二大市场，已经建立起股票市场、债券市场、衍生金融品市场、大宗商品市场和场外柜台交易市场等在内的多层次金融市场。

直接融资和间接融资最重要的区别是融资的信用传导机制不一样。不管是银行的存款贷款，还是金融市场的股票，或者债券，其本质都是一种契约或合约或合同关系。从银行贷款，相当于借款人与银行签了一个借款合同，形成银行对借款人的债权；到银行存钱，存款人也和银行签了一个合同，形成银行的债务。但是这种信用传递是间接的，存款人没有把钱直接出借给借贷人，而是借给了银行，为什么给银行呢？因为银行是“国家的”，有非常高的信用。银行再通过贷款合同把资金出借给借款人，由于银行将承担借款人的违约风险，它会考虑借款企业的信用、抵押、担保等条件。这是间接融资的信用链条。

资本市场的融资是直接融资，中介如券商、信用评级机构、会计师或律师等只提供专业服务，而不承担违约或投资的风险。比如，买一个债券，实际上债券的买方就直接和融资方进行交易，该融资方的信用只能依靠资本市场和中介机构帮债券投资者监督、披露信息等。如果融资方违约，就要依靠监管部门和法院以及执法部门依据相关法律制度来维护。

而融资人违约，资本市场惩戒的方法很有限，限制违约人坐火车、飞机作用并不大，而是需要追回或赔偿投资人损失的资金。比如违约给投资者造成几百亿的损失，最后受限于顶格罚款，只罚了几十万，这是远远不够的。到目前为止，对这类违约事件的处置说明，我们的法律制度，司法、执法在维护社会体系的信用和索赔等方面还有很大的欠缺，而这恰恰是资本市场赖以生存、发展的核心。如果法律关系界定不清晰，法律制度不健全，信用体系不可靠，资本市场是走不远的。

美国资本市场对违约事件的惩处是非常严厉的。一旦违约，违约人在社会就没有了立身之本。关于违约，我们经常听到跑路这样的说法，一跑路，事情就不了了之了，投资人蒙受的损失难以挽回，而违约的人却能通过各种手段继续逍遥法外。对于融到的股权或债权资金，应该建立一个监管或托管账户，发生交易后资金就不能被随便使用，要通过第三方审计和信息披露监督资金的使用状况。比如康得新，大股东把上市公司的钱挪到自己的账户，这样的操作本身就是违法的，投资人的钱无法追回，所以银行本身的支付系统、账户管理系统和我们的法律系统，都有很多的空白和缺失。这些系统不建立起来，金融对实体经济的服务是很难的。以后个人之间、个人和企业、企业之间的金融往来会越来越多，实体经济越发达，对金融服务的要求就会越高。

所以，金融服务要解决几个问题，第一个是支付便利；第二个是支付安全；第三个也是最重要的问题，要有信用。资金如何使用？是否挪作他用？信息披露是否完备？信息不对称会放大投资人资金的风险。这些行为都要通过契约进行约束，契约是否有效，能否合理合法执行，是整个体系能够有效运转最核心的问题。便利问题，安全问题，契约关系合理合法、判决公正、严肃执行的问题，这一套体系是非常重要的资本市场赖以生存的金融基础设施。这个体系的建设还有很大的完善空间。美国资本市场的建设已经历两三百年的时间，但还是不断有各种事件发生。我们在这些方面也有进步，但还是有很大的提升空间。注册制实施后，大量公司涌入股市，需要完善退市制度，形成优胜劣汰，把坏公司淘汰掉，这样好的公司才能获得投资者的青睐，越来越好，坏公司就没有立足之地，资源才会优化配置。资本市场上，如果造假行骗的成本代价低，就会导致劣币驱逐良币，而不是优胜劣汰。

资本市场上有两点问题很重要：一是市场化运作，二是市场有秩序，要真正做到“建制度、不干预、零容忍”。秩序要非常严谨、清晰，能够看得懂，能够执行，不执行就要受到惩治，而不是选择性执法。金融服务就是契约关系，金融市场交易的产品背后都是合约。要加强立法、司法和执法，加强信用体系的建设，通过信用体系的建设，使合约真正给投资人带来安全感，保护投资人的合法权益。

过去我们是从0到1的发展，大家都没有多余的财产。从0到1，分母很小的时候增量就非常重要。通过四十多年的高速发展，我们的经济体系已经形成并累积了巨量的存量资产，增量的比重越来越小。如今中国的家庭都或多或少地拥有房子、汽车、存款、股票、保险等财产，同时国有资产的存量也越来越大。这些存量资产都需要通过相关的法律制度和市场机制实现增值、保全和传承。但是现在所有的金融服务、经济发展还在不断做增量，为什么效率在下降？随着存量的分母越来越大，增量的分子占的比重就越来越小，增长的比例就降低了。因为我们还没有建立一套明晰的财产制度，存量资产的运营效率就变得越来越低。比如，房地产市场上，现在二级市场非常不发达，存量市场很混乱，行政干预程度高，限购限售等限制很多，税收和交易成本很高。现在如果不解决这些问题，经济再腾飞的可能性就变得越来越小。资本市场也是一样，一些企业上市之后就开始亏损，变成ST企业、僵尸企业后也不退出。退出机制不健全，就难以实现企业的优胜劣汰，要素资源也难以得到优化配置。

但是，在未来很长一段时间内，企业融资方式还是会以银行信贷为主，因为资本市场发展赖以生存的金融基础设施建设不会一蹴而就，需要时间不断完善。银行信贷主要存在三个问题：一是存贷款的期限结构要匹配和优化，加强资产负债管理的能力；二是利率调整的幅度可以大一点，高风险贷款的利率调高，低风险、信用级别高的贷款利率调低，增强信用评级、资产定价和风险管理能力；三是利率要更加市场化，一些大银行把存款利率压得很低，存贷利差过高，这就说明利率没有完全市场化。上市银行要符合巴塞尔协议风险资本的要求，遵守相应的规则，还有很大的改善空间。

银行本身是风险厌恶型的金融机构，其资产负债表里，一边是储户的存款，储户的钱基本上是刚性兑付，所以银行对贷款要求抵押或担保都是正常的。如果借款人有非常好的信用，银行肯定也会发放贷款。关键是在评价信用的过程中，有很多需要完善的地方，比如中小微企业、高科技企业，它没有相应的抵押，但它是合法纳税人，有很好的现金流和订单、应收账款等，通过进一步完善对它的监控系统，银行不也可以给他贷款吗？银行在这方面有很大的空间可以改善。

如今，我国对外开放的大门越开越大，在这样一个大环境下，我认为，推动资金脱虚向实需要两点：一是要大力发展多层次的资本市场，提高资本市场支持实体经济的幅度和规模；二是要完善银行体系的风险判断能力，信用评级的内容发生相应的变化，服务的质量和能力也要提高，也要通过利率市场化对金融体系施加压力，进一步打破垄断。多层次的资本市场就还有很大的发展空间，比如一级市场、股权市场的发展，但是这里边就要把财产制度建好，财产的法律约束、契约的严肃性以及信用体系要建立好，资本市场才能更好地发展。

刘　锋　中国银河证券首席经济学家

▶ 中国的养老金与资本市场如何共生？

随着我国居民寿命的延长、出生率的下降以及“婴儿潮”一代逐步步入退休阶段，我国老龄化水平显著高于相同人均GDP下的其他经济体。因此，如何进一步完善多层次养老金体系，丰富居民养老财富积累，成为了亟须解决的问题。与此同时，作为我国经济向“高质量发展”转型的要求之一，中共中央政治局第十三次集体学习提出了以金融体系结构调整优化为重点的金融供给侧结构性改革总要求，并指出要建设一个规范、透明、开放、有活力、有韧性的资本市场。养老金第三支柱作为居民自主积累的养老财富，是我国多层次养老金体系中最有发展潜力的一环。从国际经验来看，养老金，特别是养老金第三支柱适度参与资本市场，不仅有利于养老财富的积累增值，还可以通过增加资本市场的“长钱”来平抑非理性的波动，也可以为创新型企业提供更有耐心的资金供给，达到“一举三得”的目的，为我国经济成功转型、行稳致远筑牢基础。

借鉴国际经验，完善养老金第三支柱“中国方案”

1994年，世界银行发布了报告《避免老龄化危机：保护老年人及促进增长的相关政策》。该报告在比对了多个国家养老体系的成败经验后，建议各国构建“三支柱”的养老金体系以有效应对老龄化危机：第一支柱为强制性的公共养老金计划，由政府决定投资分配方式；第二支柱为具有半强制性的企业年金或职业年金，由企业和个人共同决定投资方式；第三支柱为个人自愿缴纳、自主决定投资方式的个人补充养老金计划，一般会给予个人所得税税收递延缴纳等税收优惠政策。

从国际经验来看，第一支柱虽然覆盖面广，但是人均给付水平低，为了保证老年人能够享受安愉的退休生活，需要政府引导居民积累丰富的第二支柱、第三支柱资金。以美国为例，截至2018年末，其养老金一、二、三支柱与GDP的比例分别为15%、89%、47%。截至2018年末，我国养老金一、二、三支柱与GDP的比例分别为6%、2%、0%（比例很低，保留整数后为0%）。对于我国来说，随着老龄化的加快，第一支柱的替代率已在逐年下降。根据目前能够得到的最新数据，到2014年我国基本养老保险替代率已经只有45%。而根据国际经验，一般替代率需要达到60%—70%才不至于令退休后的生活质量出现明显下降。由此表明，我国当前必须加快第二支柱和第三支柱养老金体系的建设。但第二支柱的发展，需要企业缴费，从当前保企业、稳就业、降低企业负担的角度出发，目前也难以大规模拓展。因此，当前最具有可行性的是加快养老金的第三支柱体系建设。

2018年2月，人社部、财政部、人民银行等八部委成立工作领导小组，启动了建立养老保险第三支柱工作。2018年5月，相关部门正式开始个人税收递延型商业养老保险试点，使得个人税收递延型商业养老保险成为了我国养老金第三支柱的首个可投资产品。目前，我国养老金第三支柱的建设方兴未艾，亟待吸取境外发达经济体养老金第三支柱建设的历史经验，并有机地结合我国特色，形成养老金第三支柱的“中国方案”。

一是，要丰富可投资产品品种，促进养老金成为资本市场的“压舱石”。当前，我国养老金第三支柱仍在试点期间，参与试点的居民仅能选择税收递延型商业养老保险进行投资。在这种状况下，一方面，投资品种的单一，限制了居民主动参与养老金第三支柱的热情，进而造成了养老金第三支柱试点超过两年但沉淀资金依旧有限的情况；另一方面，通过购买税收递延型商业养老保险，居民仅能够经由保险公司和保险资管等机构间接投资资本市场，使得居民难以直接体会、认识资本市场收益增值的获得感。参照国际经验，美国、德国等发达经济体的养老金第三支柱，不仅允许居民投资公募基金、对冲基金、信托等资管产品，甚至还允许居民直接投资单只股票，给予了居民通过养老金第三支柱直接支持资本市场的渠道。值得注意的是，历史上的各国经验显示，健康的资本市场离不开穿越周期的长期投资者，以平抑资本市场的短期非理性波动。而养老金投资期限长、资金总量大，正是资本市场行稳致远的天然“稳定器”。参考境外经验，未来我国养老金第三支柱也应该丰富可投资产品种类，稳妥有序的将理财、基金等各类资管产品纳入投资范围，促进养老金成为资本市场的“稳定器”。

二是，要加强税收优惠政策支持，激励居民主动参与第三支柱积累。为了使养老金第三支柱的税收优惠政策既能够激励居民主动参与，又能避免其成为避税渠道，发达经济体多会对养老金第三支柱税收优惠政策设定年度额度上限。这一额度上限的确定一般会综合考虑基本养老保险替代率、物价水平变化、居民生活水平情况等一系列因素，定期进行合理调整。例如，美国养老金第三支柱IRA账户的税优额度上限为5500美元/年（并明确规定这一金额会根据CPI进行调整），约为当年美国居民收入中位数的11%左右。然而，目前我国养老金第三支柱的税优额度上限仅为12000元/年，仅为当前人均收入中位数的4.9%左右，该比率还不到美国的一半。截至2018年年底，我国养老金第三支柱积累的资金仅为当年GDP的0.0001%，而美国同期第三支柱积累的资金总额达到了当年GDP的47.43%。因此，未来我国养老金第三支柱也应该合理提高税优额度上限、给予未缴税居民相应补贴，通过进一步的政策支持激励居民主动参与第三支柱，为养老金支持资本市场提供充足的“水源”。

三是，要拓宽政策惠及覆盖面，普惠性全面推进养老金第三支柱建设。美国在1974年开始设立养老金第三支柱IRA账户。IRA账户设立之初，其惠及面较小，仅包含了此前未有养老金覆盖的人群。因此在美国第三支柱IRA创设最开始的6年时间内，每年仅能累积30亿—50亿美元的资产。1980年末，IRA账户的总累计资产额仅为250亿美元，未能成规模的对资本市场形成支持。1981年，美国将可以设立IRA账户、享受税优政策的人群拓展到了所有在职人员及其配偶。这一政策的改变使得美国养老金第三支柱账户累计资金开始成倍增长。1982年当年IRA账户的累计资产额就增加了300亿美元，不仅提高了其对资本市场的支持力度，而且促进了金融机构形成养老金第三支柱的相应业务生态。当前，我国养老金第三支柱试点还仅限于上海、福建及苏州工业园等小部分地区，覆盖面的局限性不仅限制了资金积累额，也使得金融机构难以形成规模化的生态。未来，建议参照国际成熟经验，尽快在全国范围内推进养老金第三支柱建设，既普惠性地帮助全体国民积累养老财富，也能够加快资产积累，更为有力地支持资本市场。

四是，要完善账户制结构设计，赋予居民自主投资选择权。根据世界银行1994年发布的报告《避免老龄化危机：保护老年人及促进增长的相关政策》，养老金第三支柱最重要的特点在于居民自主缴费、居民具有投资选择的自主权，且政府一般会给予相应的税收激励政策。为帮助居民自主开展投资，并精准施加税收激励政策，无论是美国养老金第三支柱IRA账户，还是德国养老金第三支柱“李斯特计划”都引入了账户制的设计。居民通过拥有的账户，可以积极的参与到资本市场中，其明确的财产增值也加强了居民的获得感。目前，我国在养老金第三支柱的试点过程中，已创设了“个人商业养老资金账户”的银行账户制度，可以参考境外经验，允许通过该账户赋予居民自主的投资选择权。为了给予居民更好的投资体验，美国等发达经济体还在账户内设置了合格默认投资选择（QDIA）机制。当投资者未对账户内资金作出主动投资选择时，QDIA机制将个人账户内资金默认自动配置于特定资管产品，以解决投资静态化和投资极端化的问题。未来应继续完善发展这一账户制度，将其建成养老金第三支柱支持资本市场的重要枢纽。

除此之外，养老金是居民重要的养老保障财富积累，也是金融稳定的重要基石。参考国际经验，在完善养老金第三支柱建设的同时，也需要进一步完善资本市场基础制度，搭建良好、完备的资本市场投资者保护制度，降低养老金入市的潜在风险，达到居民养老有保障、资本市场有活水的“双赢”。

培育“长钱”活水
优化机构投资者资本市场投资行为

从境外发达经济体的经验来看，养老金是资本市场重要的长期投资者，由于其投资期限长、资金总量大，往往是资本市场健康发展的重要动力。对于养老金第三支柱而言，各经济体往往通过制度设计、产品设计等多方面的努力，促进养老金这一“长钱”有效发挥其投资周期长的特点，缓解机构投资者操作短线化的问题，引导资本市场健康发展。

一是，要合理设置税收优惠政策，合理优化居民第三支柱投资期限。为了促进居民将养老资产长期存放于养老金第三支柱账户内，成熟经济体一般会将税收优惠与投资期限进行有机结合。例如，美国的IRA账户制度要求，居民若要享受税收递延缴纳的政策优惠，只能在65岁之后取出IRA账户内的资金，若提前提取资金，不仅无法享受税收优惠政策，还可能承担相应的罚金，以此来鼓励居民延长养老金第三支柱的投资期限。未来我国的税收优惠政策设置也可以进行相应参考。

二是，要配套长封闭期资管产品，给予投资经理穿越周期的配置自主性。为了引导养老金这一“长钱”开展长期限投资，境外发达经济体也设计出了养老目标基金等相应的长封闭期资管产品。参照国际经验，我国目前所推出的养老目标基金最短封闭期也必须长于一年。这些长封闭期的资管产品，一方面避免了居民自我投资或投资经理操作时的短线化行为；另一方面也给予了投资经理穿越周期的投资配置自由度。未来在养老金第三支柱领域，这些长封闭期的资管产品值得进一步研发推广。

三是，要优化机构投资者业绩评价标准，引导投资经理投资行为长期化。我国社保基金是养老金第一支柱的重要补充，为了合理评估长期中各代理投资机构的投资表现，社保基金理事会对参与机构设立了3年、5年、10年等多个长时间区间的业绩评价机制，引导代理投资机构重视长期回报，避免投资行为短线化。未来，可以参照社保基金理事会的评价机制，优化养老金第三支柱资管产品和投资机构的业绩评价标准，引导机构投资者资本市场投资行为长期化。

应当指出的是，通过合理引导养老金第三支柱支持资本市场，不仅可以缓解机构投资者操作短线化的问题，还能在多个方面进一步促进资本市场的健康发展。

一是，要在平稳市场非正常波动时，成为资本市场的“稳定器”。养老金具有投资期限长、能够穿越周期的特点，无论是在资本市场非正常波动时，还是在资本市场周期性下行时，养老金等长期限投资者往往能够通过价值投资的方式“逆市操作”，从而成为熨平资本市场异常波动的“稳定器”，起到促进金融稳定的作用。从美国的经验来看，随着20世纪70年代前后美国养老金二、三支柱的完善，美国资本市场中个人投资者的占比由1960年的86%下降到了1985年的44%，相应的美国资本市场异常波动的幅度和次数均有所下降。

二是，要鼓励机构投资者参与上市公司的公司治理，促进上市公司行稳致远。根据世界银行、经合组织等国际机构的多项研究，养老金作为机构投资者，通过认购证券、取得股权或债权的方式，可以参与这些证券发行人的公司治理。相较于个人投资者，机构投资者专业性较高，往往也配备了专业的法务团队，出于履行信义义务的要求，往往会积极地参与证券发行人的公司治理活动，以外部监督的形式提升公司的治理结构、管理水平和经营方针。而由于养老金投资周期长的特性，管理养老金的机构投资者更有动力通过积极参与公司治理，助力上市公司行稳致远。

助力第三支柱建设，发掘商业银行的优势

2020年1月，银保监会在《关于推动银行业和保险业高质量发展的指导意见》中明确提出“促进居民储蓄有效转化为资本市场长期资金”的目标。商业银行是我国资产体量最大、覆盖范围最广、认知程度最高的金融机构，银行积极参与我国养老金第三支柱的建设不仅是落实监管部门要求的重要抓手，也是进一步开拓业务领域的机遇，更是履行社会责任助力养老财富积累义不容辞的责任。

一是，要强化账户的枢纽功能，做实第三支柱基础设施建设。当前，我国养老金第三支柱试点过程中即在商业银行设立了“个人商业养老资金账户”，用于归集居民对养老金第三支柱的缴费、收益和资金领取。参照国际经验，专用的银行账户是养老金第三支柱建设的重要基础设施，其一端联结着财税部门的税务征管系统，为精准施加税收优惠政策提供了可能；另一端联结着市场化金融机构提供的各类投资产品，极大地丰富了居民的自主投资选择范

围。相较于其他金融机构，银行有着成熟、完备的账户管理、资金托管系统，因此也责无旁贷的承担了做实养老金第三支柱专用账户的重任。

二是，要善用全牌照差异化搭配，全方位丰富第三支柱可投资产品供给。参照国际经验，相较于其他类别养老金，养老金第三支柱对居民的最大吸引力在于其投资选择的自主权。居民的投资选择自主权不仅需要政策支持，也需要金融机构供给丰富的各类资管产品。商业银行不仅可以向养老金第三支柱提供表内的储蓄产品，而且在帮助居民进行理财、基金、信托、另类投资等多种类型的资产配置方面具有优势。

三是，要发挥直接对接实体企业的优势，紧密把握投资趋势脉动。不同于保险、基金等更关注于资本市场和债券市场的金融机构，银行由于长期为实体企业提供贷款等一系列综合金融服务，与实体企业的连接更为紧密，关系更为密切。通过对养老金第三支柱长期限资金的运用，能够显著增强银行对于企业中长期融资需求的支持能力。同时，银行可以更好的把握经济转型的趋势、宏观形势的脉动，从而通过投顾等形式为参与养老金第三支柱的居民提供更有特色的服务，促进储蓄更安全、直接的转化为对于企业的中长期投资。

未来随着我国养老金第三支柱的不断发展完善，它将成为我国资本市场健康发展的“稳定器”。

鲁政委　兴业银行首席经济学家、
华福证券首席经济学家
陈　昊　兴业研究金融监管高级分析师

公募基金：跨越22载的成熟之路①

1998年，国内第一家公募基金公司诞生，距今已有22个年头。此间，作为中国资本市场的重要组成部分，公募基金不断成长、成熟，对防范金融风险、优化资源配置、服务实体经济做出了不可磨灭的贡献。

截至2020年9月30日，公募基金总规模攀升至17.8万亿元，再次刷新纪录高点，2020年也成为公募基金的“发行大年”。同时，2020年还是新中国资本市场诞生30周年。此时来思考公募基金现状和未来，具有更加特别的意义。

立足资产配置　坚持价值投资

作为资本市场重要的参与者与稳定器，资产管理行业的重要责任是通过把社会资本转变为金融资本，借助投融资、

① 版权声明：本文观点来自证券日报举办的“中国资本市场30周年公募论坛”上的嘉宾发言，经授权并编辑整理。

风险管理和资源配置活动，把资源引导到有活力、有潜力的实体经济中去。各类资管机构的核心能力，是识别市场上不同“风险收益”特征的投资者，通过产品设计与投资策略应用，把资金最终引导到实业中，支持企业多元化的融资需求，同时为投资者带来与其风险偏好和资金属性相匹配的风险收益。

在这个过程中，资产管理机构也得以不断拓展价值投资新内涵、新边界，用基本面的深度研究加合理的估值方法，引导好资源配置，服务实体经济的转型、创新和升级，最终实现“发现投资价值”的目标。

一方面，价值投资在A股市场将长期有效。价值投资主要通过深入的基本面研究，找到盈利质量能够持续提升的上市公司，并且在估值处于历史低位时买入，等待市场风险偏好和估值的均值回归。另一方面，在结构转型升级和科技创新的大背景下，价值投资的内涵需要适当拓展。公募基金要以产业资本的眼光，以合理的价格布局一批优质赛道的领跑者，保持专业深入的跟踪研究，以时间换空间，分享企业长期成长的收益。以此为出发点，我们必然将加大对医疗、科技、消费升级、高端装备、新能源、新兴战略性新材料等优质赛道的布局。

未来资产管理能力、产品设计能力、风险管理能力、品牌声誉价值、金融科技运用能力等因素，将会成为各家资管机构比拼的核心。因此，面对机遇和挑战，公募基金要加快核心能力建设，特别是在核心投研能力、产品服务能力、客户服务能力、风险管理能力、数字化能力的建设上，必须全力以赴；要紧扣投资者多样化的财富管理需求，主动承担起回报投资者的责任，引领长期投资、价值投资的理念和文化，要发挥好公募基金组合管理和资产配置的专业优势；同时，做好客户陪伴，建立知识分享体系，利用金融科技，拓展投资者教育新领域，提供投资顾问服务，与投资者做更深入互动，为其带来更好的投资体验和价值回报。

应构建以客户为中心的资产管理良性生态圈

在新的时代背景下，如何通过发挥自身核心竞争力促进资本市场完善资源配置功能、实现长期资金入市、助力实体经济发展，是资产管理机构当下需要思考的重要命题。

新时期居民财富配置需求的变化，为资产管理机构充分发挥资本市场资源配置功能提供了机遇。经过四十年的积累，中国居民总资产已超过550万亿人民币，且在过去近20年间实现快速增长，年化增速达到了17%。然而，与主要发达国家相比，我国的居民金融资产配置比例还有较大提升空间，股票、债券、基金等风险资产的配置比例仍然较低。

随着中国社会经济结构的升级转型，中国居民未来金融资产（特别是权益类资产）的配置比例会加速提升，能够为资本市场发展提供更多长期资金。一方面，在“房住不炒”政策的引导之下，房价涨幅趋缓，加杠杆趋难，未来房产增值预期和投资吸引力正在发生改变。另一方面，目前中国资本市场的发展已经初具规模，居民进行金融资产配置的条件已经基本具备。伴随国内多层次资本市场改革与开放的持续推进，资本市场基础制度的不断完善以及保险、养老等中长期资金入市进程加快等综合因素影响，中国资产管理行业或将迎来“权益时代”。其中，作为资本市场资源配置功能的重要实践者，资产管理机构应勇于承担时代和社会责任，有效地将投资人的长期资金合理配置，助力优质企业的健康发展与价值创造。

然而，现实中，普通投资者真的可以做到“长钱长投”，并给资产管理机构足够的时间去践行价值投资吗？

事实上，研究发现，在实际的资产配置过程中，投资者认知与长期配置需求之间存在偏差，投资者配置标的风险错配和短期化现象依然突出，且对长期净值型产品的认知仍需培育。这对资产管理机构发挥核心竞争力、赋能投资者和优质企业，提出了严峻的考验和更高的要求。

长期来看，价值投资是一种优化资源配置的手段，将更多的资金投入到创造价值的公司，通过服务实体经济，不断赋能投资者和优质企业，用专业投研创造价值，以专业服务将这份价值真正转化成投资人的收益，进而改善资产管理生态圈。

在这个过程中，资产管理机构是枢纽，能够通过履行价值挖掘的职责，秉承长期价值投资理念，不断提升“专业投研+专业服务”的核心竞争力，将资金投资于中国各行各业最优秀的企业，为企业长期发展、做大做强提供更多有力支持；同时，秉持客户利益至上的原则，有效引导、服务、陪伴投资者，帮助投资者实现“长钱长投”，充分享受到优质企业成长带来的长期可持续的优质回报，实现财富的保值增值。最终，在这样一个以客户利益为中心的资产管理生态圈中，资金、资产和管理人能够实现三方共赢，有效提升资本市场资源配置能力，不断促进资本市场良性生态圈的循环养成，助力实体经济的快速发展。

新《基金法》推动公募基金行业健康发展

1998年公募基金行业刚起步时的资金管理规模只有100亿元，2020年的管理规模超17万亿元，实现了超1700倍的增长。自从2012年基金业协会成立，8年以来，从业人员注册规模从1.3万人增长到71.1万人，行业的发展速度在全世界都是无可比拟的。

尤其在2013年新《基金法》实施以来，公募基金行业取得了翻天覆地的变化。

打造一个“透明、规范”的公募基金市场，必须要有合理有效的游戏规则。新《基金法》就是在基金行业多年运作的基础上，吸取发达资本市场和我国过往成功的经验与失败的教训，与时俱进地推出了一套行之有效的监管规则。

新《基金法》的核心就在于如何更加有效地约束违法违规行为，加强对“老鼠仓”、市场操纵、内幕交易等行为的监管惩戒力度，尽力保护投资人的利益。新《基金法》更加注重对基金管理人的监管，建立了基金管理人制度，强化了基金从业人员的诚信义务。《基金法》出台以后，加大了执法力度，清除了一些害群之马，使得这个市场越来越公平、越来越公正、越来越公开。

我国股市的一个重要改革是实行注册制，这需要股市参与者有更强的风险识别和风险承受能力。当散户从股市逐渐退出，参加到基金市场时，注册制有利于股市参与主体结构优化，有利于形成一个价值投资、长期投资市场，因此基金市场需要更加完善的监管，更强的执法力度。

恐惧和贪婪是人性的弱点，在公募基金里，从业人员受到了严峻挑战。如何直面恐惧和贪婪，不碰新《基金法》和新《证券法》的高压线，是每个从业者都该深刻思考的问题。新修订的《基金法》以及《证券法》等一系列法规共同扎紧了制度的笼子，借助科技监管力量，对违法违规行为形成了有效震慑和有力打击。

另外，新《基金法》的一个重要改革是允许保险、券商以及私募基金进入公募领域，这为公募基金增加了数十万亿的源头活水，而且基金销售渠道也拓展到商业银行、证券公司、期货公司、保险机构、证券投资咨询机构等。这就更加要求新《基金法》加强规范性，保护好关乎全民的万亿级社会财富和居民资产。

但是我们知道，一个行业发展中遇到的各种各样的问题，不能只靠一部法律的出台就一劳永逸。我们还需要行业的自律、从业人员的自律。目前，我们还存在一些问题，这些问题源自各方利益的冲突。处理好各方的利益冲突是一个非常有技术性和挑战性的工作。公募基金行业的发展需要法律，更需要从业人员的职业道德和职业自律，需要基金从业人员有一份为人民服务的心，竭尽全力做好基金保值增值工作。

在基金业发展的历史时刻想到的

最近市场有句热门话：炒股不如买基金。我认为，2020年公募基金发行突破了2万亿元就是体现了投资人的这一共识。这对问世二十多年的中国公募基金来说这是一个历史的时刻，应该被记住。

公募基金业的发展首先应归功于行业的规范。首先，监管部门在筹划基金行业时很好地借鉴了成熟市场的经验，对行业的法律、法规、制度、规则、监管原则做了严格而全面的定位，使行业的规范发展起点很高；第二，监管部门根据法律、法规进行严格的监管，划定监管底线。即使是一些常人眼里的“小事”，照罚不误。长期的严格监管对行业的规范运作发挥了积极的作用；第三，《基金法》实施、《基金法》的修改，以及资管新规的颁布对行业的规范发展都起到了非常重要的作用，使行业规范在市场的不断变化中始终有方向、有目标。

基金公司坚持把规范经营放在突出位置，使行业规范具备了坚实的基础。管理团队的合规理念，常年坚持的合规培训、合规考核、案例教育、相关流程设置等等使合规文化在团队中深入人心。

法律、法规也使得公司治理得以完善。在完善的公司治理下，基金公司普遍实行了市场化的严格有效的考核奖惩制度。在规范的前提下，业绩、绩效成为考核最重要的指标，根据考核结果拉开收入差距，使优者得到鼓励，劣者受到处罚。这样的举措对人才吸引聚集，对团队快速成长，对创新持续追求，对竞争力有效提升的作用是无可替代的。这几年，基金公司股权激励的逐步推行，自然人持股公司的逐步增加，为基金业注入了新的创新和竞争动力。

中国基金业从它诞生起就始终与创新结缘。市场、行业、投资者在各个发展阶段都给了创新很大的支持和鼓励。基金业对创新敏锐而积极，这来自企业强烈的使命感、责任感以及强大的竞争动力、历经磨炼而来的创新能力。可以说，正是持续的创新快速提升了企业的发展，推动了行业的进步。

成熟的合规文化、完善的公司治理、强烈的竞争意识、持久的创新动力，带来了企业和行业的繁荣发展。即使如此，在中国经济快速发展，资管业全面崛起的时代背景下，我们依然任重道远。

中国公募基金即将迎来黄金机遇期

作为从业者，我认为国内公募基金即将迎来快速发展的黄金时期。原因如下：

第一，资本市场基础设施的日趋完善和成熟，为公募基金发展提供强有力的支撑。经过30年发展，尤其是近几年的努力，我国资本市场从初期“为国有企业脱困”转变为“在金融体系中具有牵一发而动全身”的高效配置资源的应有定位。尤其是2019年和2020年，从上海证券交易所设立科创板并试点注册制，到深圳证券交易所创业板改革并试点注册制，再到退市机制的完善和集体诉讼制度的引入等，资本市场的基础设施建设步伐加快，“三十而立”的资本市场日趋成熟，迸发出无限活力。

在2020年6月18日第12届陆家嘴论坛上，刘鹤副总理首次对资本市场的发展提出了“九字方针”，即：要坚持“建制度，不干预，零容忍”，加快发展资本市场。这“九字方针”，不仅是对过去30年我国资本市场发展的经验教训的总结，更是为资本市场未来发展指明了方向。

作为资本市场的重要参与者，公募基金受托于投资者，投资于资本市场，它的发展依托于资本市场，同时也受制于资本市场的发展水平。我们相信，更加完善和成熟的资本市场必将为公募基金发展提供更为强大的支撑和保障！

第二，公募基金是直接融资的“服务商”，承担着支持实体经济发展的责任，未来必将在服务经济转型升级方面发挥更大的价值。2020年新冠疫情的爆发，给我国社会经济发展带来很大的挑战。但我们也看到，在中国经济转型升级的背景下，新技术大显身手，新产业逆势增长，新业态激活实体经济，新模式奋力突围，新消费点燃经济增长“引擎”，新基建部署更为未来高质量发展打下基础，中国经济依旧展现出强大的韧性与活力，并将催生一大批优秀的具有全球竞争力的科技创新型企业。

作为资本市场的重要机构投资人，公募基金承担着直接融资“服务商”的职能。通过公募基金发现和投资具有竞争优势的企业，一方面，居民财富可转化为更加有效率的资本，扩大直接融资的比例和规模，支持和推动更多创新型的优秀企业的成长，为资本市场提供源源不断的“活水”，实现价值发现和优化资源配置的目标；另一方面，个人投资者通过公募基金可分享经济转型升级的红利，提升投资者的“获得感”，帮助居民财富实现保值增值。

2020年以来，在疫情的背景下，我国资本市场的表现一定程度体现了“居民财富-公募基金-优秀实体经济”的“三位一体”的良性互动关系。未来，公募基金必将发挥更大的经济价值和社会价值！

第三，在居民财富管理需求日益增长的背景下，公募基金将成为居民财富管理的主力军。海通证券研究所数据显示，截至2018年底，中国居民资产中，约7成为房地产，仅

3成为金融资产。今天中国的资本市场非常类似上世纪70年代的美国。参考美国资本市场过去几十年的发展历程，在技术和金融创新的加持下，在当前全球低利率，传统银行理财面临资管新规打破刚兑的背景下，中国居民的财富管理需求快速增长，未来中国居民的多数资金都将配置到股票、基金、保险等金融资产上。

经过23年的实践演进，依托规范、透明、普惠的制度设计及在人才、机制、运营和投资经验等方面的优势，公募基金行业为大众理财服务树立了标杆，相信它将持续发挥其示范性作用。

江向阳　博时基金董事长
任　莉　东方红资产管理总经理
何晓宇　政信投资集团首席经济学家
陈　敏　富国基金前董事长
罗春风　平安基金董事长

第五章
疏导债市悬河

作为企业融资的第二大渠道，信用债的重要性及发展规模和速度都呈现出前所未有的态势。与此同时，地方债的发行、管理及可持续运行的问题也逐渐显现。从资本市场的发展现状来看，信用债、地方债等的风险防范问题，是当下不容忽视的存在。如何引导、规范其健康运行，关乎整体债市的发展。

信用债透视

随着中国企业在海内外市场发行的信用债以每年两位数的规模飞速增长，信用债已经成为企业融资的第二大渠道，而且是这些年增长速度最快的一个渠道，比股票上市融资增长的速度更快。2020年，信用债的规模接近24万亿，这相当于整个社会融资总量的10%。所以说，信用债对中国企业和中国经济的增长发挥着很重要的作用。

我国已进入债券风险的易发高发时期

众所周知，任何金融产品都有风险。其中，从信用债的名字便不难看出，它的风险是比较高的。2015年以前，信用债的风险还不大，2015年以后，风险在不断凸显。特别是2019年，公司违约情况有170多起，违约金额已经超过1300亿。未来，随着全球经济增速下行，公司债、企业债违约的情况还会有所上升。所以，投资者应该高度关注企业债券的风险，同时企业要努力管理好自身债务风险，特别是公开发行债券的风险，总体来讲，现在进入了一个公司、企业债券风险的易发高发时期。

很多企业信用债都是机构投资者购买的，比如银行、保险公司、证券公司，机构投资者是比较多的。个人投资者往往是通过机构投资者间接购买债券产品。普通投资者如果直接购买公司债，需要进行很深入的研究，不能盲目配置，因为要判断一个公司是不太容易的，判断一个公司债券未来的风险和判断一个公司的股票某种意义上是一样的，需要研究这个公司的经营情况、所处行业，要看它的资产负债表、现金流、资产质量，对于普通投资者来讲并不容易。笔者不太建议普通投资者去大量配置信用债资产。对于普通投资者来说，购买国债是没有风险的，买政府的债券更合适；如果买公司债，最好是通过机构去做一些配置，总体来讲，不建议普通投资者过多配置公司债资产。

注册制实施后信用债发行的变化

注册制与核准制最大的区别是减少了审批的环节，更多地让市场来选择，这与股票发行的注册制在某种意义上有类似的考量。改为注册制以后，债券发行的周期缩短，在以前的批准制下，发行一个债券可能需要两个月甚至更长时间，现在采取注册制后，可能最快两周就可以发行，这对公司降低成本、提高效率、快速融资是一件非常好的事情。改为注册制后，很多公司发债的积极性会进一步提升。注册制肯定是一个正确的方向，就是让市场自身去选择，而不是由监管部门去选择。未来整个债券市场的发行主要是朝市场化的方向，让市场自身去选择发行人，让市场去决定发行的利率和金额，这是一个基本的方向。

结构化发债不利于风险防范

结构化这个名词听起来好像高深莫测，本质就是发行人自身采取一种办法为债券增信，但是本质来讲其并不能征信。比如，先去购买一个公司的理财产品，然后这个公司帮其发债，似乎好像为这个债券本身增加了信用的等级或者可信度，但实际上可能掩盖了这个公司的实际情况。这个公司发行的债券未来现金流、收益能不能真正还本付息，反而成了一个问题。当然结构化有很多操作方式，但整体而言，笔者认为这些操作方式都不是太合适。公司发债就做好信息披露，将公司的实际经营情况按照《证券法》、公司债发行交易的规定等认真做好信息披露，这才是最好的办法，而不是采用结构化的增信方式，结构化的增信方式并不利于风险的防范，反而会误导投资者。

信用债的监管方面仍需进一步完善

过去，债券市场的监管是分割的，央行、发改委、证监会等都有监管债券的职能，被形象地称为“多龙治水”。债券市场的监管首先要统一，我们也在朝着债券市场统一监管的方向迈进，比如注册制的实行，这是第一个基本的方向。如果把债券市场交给不同部门去监管，不同部门制定的政策有很大差别，就会造成一些套利的情况。监管的标准和法律法规要统一，这样可以避免所谓的监管套利。第二，对企业的信息披露要更加规范、细致。其实发行债券和发行股票的融资本质上来讲是一样的，只不过是产品结构方面有差别，买债券为了还本付息，买股票成为股东，差别只是这些。但是从保护投资者利益来讲，信息披露的道理和原则是一样的。所以，信息披露方面需要做更细致的工作。第三，对违法发行人的惩处要进一步加强。中国资本市场造假现象屡禁不止且愈演愈烈，这种情况是因为惩罚力度太小。债券市场的发行如果出现造假违规，相应的惩处也应该进一步加强。特别是对实际负责人，要采取更加严厉的惩处措施，包括集体诉讼等制度都要建立起来。第四，承销商、信用评级机构以及参与债券发行的其他中介机构，包括律师、会计师，对其行为都要有非常严格的惩罚规定，他们要负起市场“看门人”的责任。既然采取注册制，由市场来选择，中介机构应该担负起更大的责任，现在债券市场，特别是公司债方面，面临的问题和资本市场所面临的很多问题在本质上是一样的。

信用评级公司在信用债发行中的作用

信用评级公司在债券市场非常重要，现在信用评级公司是否真正起到了应尽的作用，是值得去研究的。中国的信用评级公司，某种意义上还没有建立起良好的市场声望。信用评级公司本身要有职业道德、职业素养和很高的职业标准。信用评级公司若出现造假行为，特意为不符合要求的公司评很高的级别，监管部门也要进行严厉的惩处。评级公司是很重要的“看门人”，信用评级会影响到债券定价，也会直接影响到投资者对债券的认可，所以要更好地发挥评级公司的作用，提升评级公司本身的业务水准和职业素养，评级公司要说真话、说实话，不能造假。美国2008年的金融海啸和衍生金融工具里很大的一个问题，就是因为评级公司的失误，甚至是造假，甚至存在有的评级公司，给发行人的级别提高，然后发件人给他一笔钱或者提高评级费用等利益勾结的行为。这里面有很多问题，未来对于公司债、企业债的发行而言，信用评级是非常重要的，是不可忽视的。

信用债市场上的刚性兑付

债券市场之前存在各种刚性兑付以及变相的刚性兑付，后来李克强总理在很多场合也讲到，要打破这种刚性兑付。现在违约的情况越来越多，这也是打破刚性兑付的必然结果。未来债券市场要完全变成市场化的市场，就不能由政府最后买单，而是由发行人和投资者一起承担风险。前面讲的发行人资格，包括监管、惩处以及对中介机构的要求，都是必须要完善的。打破刚性兑付不是说放任风险的泛滥，而是要将相关责任人的法律责任更加明确，违规的处罚要更加严厉，而不是最终由政府来买单。

向松祚　中国农业银行前首席经济学家

当前地方政府债券发行及运行中的可持续性问题[①]

现代国家普遍面临着保证政府债务可持续难题。这是因为：一方面，各国政府支出随经济增长而扩张的长期趋势还在继续，收入与支出不匹配的局面难以扭转的形势下，政府就需要负债运行；另一方面，当前繁荣的金融市场为债券融资提供了便利，政府有条件以更低成本为公共事务去借款。运营借来的资金则成为新的课题，如若政府对债务管理不当，不仅会增加未来财政运行的压力，而且稍有不慎就将对整个经济社会的稳定造成冲击。2008年前后，一些欧元区国家的主权债务危机便是近年来政府债务失控导致的重大事件。就中国的情况而言，政府债务负担率约为39%，低于多数同等规模经济体水平，但地方政府债务风险却在累积。

---

① 本文是国家自然科学基金项目的阶段性成果之一（项目编号：71973149）。

数据显示，2014—2018年，虽然中国地方政府显性债务仅增加了2.97万亿元，年均增速为4.81%，但在2014年《国务院关于加强地方政府性债务管理的意见》发布之后，政府投资基金、PPP项目和政府购买公共服务继续成为一些地方政府违法违规举债和变相举债的工具。地方政府债务规模过大和增速过快，一直是过去数年影响中国经济转型，并可能触发系统性风险的主要因素之一。事实上，地方政府债务风险是财政收支失衡得不到及时弥补、财政空间缩小的直接表现。以2020年1—8月的数据为例，地方财政空间变化表现为：地方一般公共预算本级收入67509亿元，同比下降5.1%；财政收支缺口（本级）54660亿元，占当期财政收入比重（本级）80.9%；同时，全国发行地方政府债券49584亿元，较2019年1—8月39626亿元同比增加25.1%。上述长期趋势和短期压力都在给地方政府债务发行运行增加难度。

为保证如此大规模的地方政府债务可持续，与债务管理相关的体制机制改革与发行运行调整正在提速。2020年8月，国务院总理李克强签署国务院令，公布修订后的《中华人民共和国预算法实施条例》自2020年10月1日起施行。其中，第四十条对地方政府债务余额进行限额管理做出了明确规定，突出了财政部在整体把握地方政府债务规模中的规划指导作用；第四十四条对政府债务规模范围做了确定，这也是后文中统计地方政府债务发行数量的主要基准；第四十五条对地方本级政府和人民代表大会在地方政府债务管理中组织程序做了说明；第四十七条对地方政府如何防范和化解债务风险提出了指导性意见。

与上述加快制度建设同步，地方政府债务发行特征也在变化。根据财政部同一时期发布的数据显示：

2020年1—8月，全国发行地方政府债券49584亿元。其中，发行一般债券17701亿元，发行专项债券31883亿元；按用途划分，发行新增债券37499亿元，发行再融资债券12085亿元。

2020年1—8月，地方政府债券平均发行期限15年。其中，一般债券14.8年，专项债券15.2年。

2020年1—8月，地方政府债券平均发行利率3.34%。其中，一般债券3.25%，专项债券3.39%。这里至少有三个变化值得关注：第一，地方政府债务发行规模明显上升——与2019年同期发行地方政府债券39626亿元相比，多出9958亿元，新增部分主要是专项债，为政府投资而融资的债务发行模式愈发明确。第二，债券平均发行期限大幅增加——与2019年同期相比，平均发行年限增加6.9年。这是化解债务压力时，政府以时间换空间的通行做法。第三，政府债券发行利率，即发债成本有所降低——与同期2019年相比，平均发债利率降低0.21个百分点。相对低成本的政府债券，有利于持续借款和稳定还款。

如何客观看待当前地方政府债务改革发展中的新情况？又怎样进一步规范地方政府债务，真正充分发挥债务资金的积极作用还能有效防控债务风险、实现债务可持续？这将是本文接下来探讨的内容。

一、地方政府债务运行压力来自财政收支格局的变化

地方财政减收是债务风险加大的重要原因之一。当前财政组织收入困难源自全面减税降费和疫情冲击。2015年之后，我国财政收入同比增速进入个位数增长区间（2015年为8.4%，2019年为3.8%），地方财政收入波动也随之增大。在此之前，我国财政收入两位同比增长维持了10年，地方财政收入甚至在2009—2012间的年度同比增速超过了20%。但时过境迁，2019年地方财政收入负增长有六个省份：黑龙江、吉林、重庆、甘肃、宁夏和西藏。

困难的局面或许才开了一个头，接下来的情况或许还要更复杂一些。2019年极有可能成为部分地方财政收入（3%）尤其是税收收入正增长的最后一年。背后的原因是：

自2018年实施全面减税降费之后，财政已累计为企业和社会减负超过3.6万亿。全国税收收入年度同比增速直接掉到5%以下，2019年仅为1%，地方财政收入困难超出想象。即便没有疫情影响，2020年的地方财政增收压力也相当大。为了应对疫情冲击，2020年新出台的支持疫情防控和经济社会发展的税费优惠政策，又新增了减税降费1589亿元。

看完财政收入的情况，我们再来了解下财政支出的局面。地方财政支出刚性增长加剧了地方政府债务压力。2015年，《中华人民共和国预算法（修订案）》正式实施，其中，广受关注的地方政府可以“赤字”运行以及允许“独自举借债务”，被视为以“开前门、堵后门”的方式化解地方政府债务风险。从执行的结果来看，我国地方政府债务不规范、不透明得到了一定程度缓解，但同时也导致了地方政府借款扩张。

虽然全国人大每年会审议地方政府债务规模年度限额，但是在2018年之后，连年上涨的债务限额已经成为新增地方财政投资性支出的主要来源，而不再用来置换存量债务、化解债务风险。财政支出快速增加又加剧了地方财力失衡，2020年之前的5年，我国地方政府本级财政收支差额平均为7725亿元，而近三年这一数据上升为平均8433亿元。这便非常好理解前文所述的疫情冲击下2020年伊始的地方财政收支差额已超过1万亿。虽说地方财力缺口不一定全部转化为政府债务——有一部分可以通过中央转移支付或者其他财政收入形式来填补，但是财政支出刚性增长导致地方债风险加大的局面，确实有可能在疫情之后进一步升级。

二、债券发行运行调整本质上牵涉到财税金融体制改革

为了及时应对财政收支失衡后的债务规模扩张，在《新预算法》自2015年1月1日颁布实施的五年十个月后，《新预算法实施条例》终于现身。《实施条例》颁布是预算法改革过程的关键一步——关系到《新预算法》的执行落地。作为财税金融体制改革的“枢纽性工程”，我国预算法从最初设立，到今天的改革推进，每一次进展都不止于财政活动本身，而是涉及多方面的变化。

此次改革中，地方政府债务发行与管理体制变化成为各方关切点。有观点认为，全国人大的债务限额管理以及中央财政规划（分配）各地（省）年度债务发行方案的做法，与地方政府实质上负担地方债责任的情况具有不对称性，不利于地方债有效运行。还有观点认为，省以下地方政府债务发行管理的权责关系依然不清晰，如何有效分配债务发行规模，怎样管控相关风险？其中尚有不少环节亟待探索。这当

中的很多实际问题，牵涉到政府间财政关系在地方政府债务管理的界定，还与现行的金融管理体制有关。

客观上讲，无论制度建设怎样优化，现实中的地方政府债务运行都可能面临体制改革进展不足的约束。这也是我国改革开放四十多年历程中常见的问题。解决上述问题的策略是以发展的眼光看待问题，以政府与市场合作的方式解决问题。我们提出三个方面的建议：

首先，地方政府债务防风险的阶段性任务尚未完成决定了中央财政有必要对整体风险进行把控。中央财政规划债务发行方案有助于解决地方政府债务失控导致的系统性风险。若往后，地方债运行稳定、风险降低，地方政府会逐步得到更多授权。地方债真正由地方决策并不遥远。

其次，省以下债务发行分配需要在中央授权、地方探索的基础上加强制度建设。各地对地方政府债务需求不一样，风险压力也不同。省以下债务发行与运行的细则，将很快在那些急迫需要制度规范的地方探索推进。可以说，《实施条例》并不是地方债管理的终极裁决，还需要地方管理实践来不断丰富。

最后，财税金融体制改革的切入点，大概率就在地方债领域。随着数万亿规模的公开发行地方债务上市，金融部门面向基层政府的合作与以往大为不同。地方债依靠金融市场，进行公开透明的投融资活动会成为主要方式。为此，各方搭建一个运行有效、风险可控的财政与金融管理合作机制，将是非常现实的努力方向。

三、地方政府债务显性化过程仍需时间和耐心

地方政府债务显性化的过程可以追溯到2010年末的中央经济工作会议精神和十一届全国人大四次会议部署。2011年6月27日，首次公布地方债摸底结果：截至2010年底，全国地方政府性债务余额107174.91亿元，其中：政府负有偿还责任的债务67109.51亿元，占全部债务的62.62%；政府负有担保责任的或有债务23369.74亿元，占全部债务的21.80%；政府可能承担一定救助责任的其他相关债务16695.66亿元，占全部债务的15.58%。而此后的2012年和2013年，显性化地方政府债务的工作仍在继续。除了地方政府债务规模存量还在增加引人关注外，各级政府对地方债分类尤其是债务偿付责任划分有了不同以往的理解。2013年之后，地方政府债务显性化工作不再依靠大规模动员、突击审计的办法，建立地方政府债务台账，明确债权债务关系的工作模式驶入常态化轨道。规范化的制度建设在国发〔2014〕43号文之后进一步提速。有了这样的逻辑脉络，我

们可以发现，我国地方政府债务显性化过程有较为明确的时间线索和比较显著的工作进展。

但是要对照风险可控、债务可持续的管理要求，目前的地方债发行运行模式还有一定距离。差距主要表现在：其一，地方政府隐性借款的渠道尚未完全切断。这是因为地方政府压力较大，为实现稳增长、保运转和保民生的财政腾挪空间有限；其二，政府债务发行运行的经验尚有不足。地方财政金融部门如何合作，怎么样配合，并没有特别成熟的模式；其三，解决存量问题和处置增量债务的关系还不明确，这与地方政府可动用资金的能力有关，还与一段时间内化解债务风险的举措相连。

为了找准漏洞、弥补不足，各级政府做了大量的努力，而中央也为此进行了针对性部署。目前的主要办法是：第一，通过直达财政资金解决地方财力困难，在根本上缓解地方政府隐性借款冲动；第二，自上而下将财政与金融协调作为地方债发行运行中的管理重点，激发地方财政与金融部门参与地方债管理的积极性；第三，建立常态化的地方债风险处置机制，更加灵活地使用新发债资金，并因地制宜预警债务风险。

四、债务资金的投资和偿付风险有必要关注

2018年以后，地方政府债务中发行置换债券和再融资债券的占比不断降低——2019年为26.9%，2020年为24.4%（均为1—8月数据）。新增债务资金用于公共工程和重大项目的比重不断提升。特别是专项债发行和使用的增加，为地方政府投资提供了更多的资金来源。得益于债务资金注入，一些重大工程项目加速推进。在新冠肺炎疫情冲击下，政府投资作用在经济企稳回升中功不可没。

当然，我们也应清醒看到，债务资金投资和偿付风险依然存在，主要体现在：第一，有投资价值的项目有所减少。这与市场主体积极参与，政府资金主动退出有关；第二，债务资金进入投融资的体制机制还未完全理顺。因为相较于传统的财政投融资体制，债务资金更具有市场化特征，要求偿付责任更明确；第三，依靠债务资金的项目工程风险存在不确定性。特别是以项目运营收益作保偿付的债务资金投资项目，很多受经济波动影响较大，未来存在兑付风险。

为了有效应对上述新情况，防止地方债大面积违约，我们提出：首先，继续探索政府与市场合作方式。发挥市场在资源配置中的决定性作用，更好地发挥政府作用，将有限债务资金配置到公共工程和重大项目中的关键环节，善于发现

资金需求的最后一公里。其次，全面深化投融资体制改革，优化资金管理落地的细节，并发挥各方主观能动性。之前尝试的PPP项目和政府产业基金等方式，有不少经验值得总结，也有教训需要汲取。唯有如此，债务资金运行管理才会少走弯路。最后，以政府资产的确定性应对外部不确定性风险。存量政府资产是债务资金偿付的重要基础。在政府层面实现资产与债务的跨期配置及信用担保，能够解决不确定性环境下的债务与项目风险问题，这是建立政府在市场机制下融资信用的长期保证。

何代欣　中国社会科学院财经战略研究院财政研究室主任

第六章
面向国际与未来的资本市场

从落后到追赶，再到超越和引领，是中国资本市场的过去、现在与未来的必然路径。众所周知，资本市场在金融运行中具有牵一发而动全身的重要作用。通过深化改革，继而打造一个规范、透明、开放、有活力、有韧性的资本市场，对于资本市场本身乃至中国整体经济的平稳运行都有着深远的意义。

从中概股发展看资本市场的开放与变革

随着对外开放大门越开越大，中国资本市场逐渐与世界接轨。在这一进程之中，跨国公司纷纷在中国落地，中国企业走出去的步伐也在不断加快。

中国概念股（下称“中概股”）的出海，便是金融开放层面的典型。在中国资本市场发展逐渐走向成熟的过程中，一些企业纷纷奔赴纳斯达克、纽交所、港交所等国际主流证券交易场所，成为国际资本市场的重要参与者。

中概股，是指外国投资者对所有海外上市的中国股票的统称。自从1992年华晨汽车成功在纽交所IPO算起，中概股已经走过了近30多年的激荡历史。在一波波的上市潮中，中国各行业尤其是互联网明星公司登陆国际资本市场，成为中国的一张名片，经历过潮起潮落、波峰波谷，同时也在改变着无数普通中国人的经济生活。

中概股出海简史

1992年对于中国改革开放而言是个特殊的年份。年初邓小平同志视察南方，被国际社会认为是一件“对深圳、对中国乃至对世界都意义深远的大事件”。在时任深圳特区报副总编辑陈锡添的通讯文章《东方风来满眼春》中，真实记录了小平同志在深圳视察时所作的重要谈话。

“这些东西（证券和股市）究竟好不好，有没有危险，是不是资本主义独有的东西，社会主义能不能用?”在谈话中，小平同志明确强调，“允许看，但要坚决地试。”实际上，中国证券市场标志性的扩张阶段正是从1992年开始的。以大胆实践的思想为指引，证券市场搁置了意识形态争论，调动方方面面积极性投入股市建设，使中国新兴的证券市场得到了迅速扩张。

中国公司的赴美上市也是在1992年取得突破的。资料显示，1992年，在原华晨中国汽车公司董事长兼总裁仰融的主持下，华晨汽车先是在百慕大注册，其后在10月9日登陆纽约证券交易所，成为首家在该所上市的中国企业，同时也开创了中国企业在海外注册公司绕道上市的先例。

因为头顶中国汽车公司的概念，华晨获得超额认购85倍和融资8000万美元的成绩，足见其在当时获华尔街追捧的程度。

如果说华晨汽车打开了中国公司通往华尔街的大门，那么第二年青岛啤酒在港交所的成功挂牌，则是另一种资本出海，实现了中国公司融资国际化的新浪潮。

1993年，H股首次在港交所上市，容许中国内地注册成立的公司直接进入国际股份市场。这一年的7月15日，青岛啤酒（00168.HK）在港交所上市，成为中国内地首家在香港上市的国有企业。

在港交所主席李小加眼中，H股的历史性推出，为香港成为一个国际化的市场奠定了坚实的基础，实现了港交所发展的“第一次跳跃”。

这一阶段的代表性中概股要数联想集团——1984年中国科学院计算技术研究所投资20万元人民币，由11名科技人员创办，也是中国的一家在信息产业内多元化发展的大型企业集团。在多年的发展中不仅成长为世界五百强企业，并多年蝉联全球PC市场的头把交椅。

在联想的30多年的发展历史中，1994年的在港上市被认为是具有分水岭意义的事件。有业界人士总结，成功上市使联想向银行借贷的间接融资模式转为向股市的直接融资模式，大大降低了融资成本。与此同时，也使公司治理更加透明，在管理上与国际早早接轨。

不仅是首发募股时的融资对于其成长的直接推动，在相当长一段时间里，通过上市平台的再融资都为其出海和并购提供了源源不断的“子弹”，并且在PC市场的残酷竞争中，构建了一个资本的防火墙，把国内的其他竞争对手远远甩在身后。

事实上，也正是从推出H股开始，港交所才迎来了第一波中国内地企业IPO热潮，自此以后一幕又一幕资本神话接连上演。到1997年香港回归之后，中国移动、中国石油、中国电信、中国联通、建设银行、工商银行等内地超级规模的优质企业先后登陆港交所，为后者的国际化影响再添一把火。与此同时，浙江玻璃和国美电器等内地优秀民营企业也纷纷赴港上市，这在客观上也促成了港交所迅速发展成为国际招股中心，并于2005年超越日本，成为亚洲集资额最多的市场。

中概股繁荣与“新经济”勃兴

代表着新兴经济力量的本土公司步入资本市场，背后凸显的都是中国经济成长的不同阶段。尤其是在互联网经济勃兴时期，几乎每一波成长奇迹都会带动一波中概股的上市热潮。从这个意义上来讲，说中概股等同于中国经济成长的晴雨表非常贴切。

20世纪90年代，中国逐渐开始“触网”。我们所熟知的门户网站，正是在90年代后期相继成立的。1999年具有代表性的案例，是中华网在纳斯达克的上市。这个“中国第一家互联网公司”在三天时间里股价如同坐上了直升机，从20美元直接飙升至137美元。此后，其他门户网站也纷纷在千禧之年赴美IPO。

其中，网易公司创办于1997年，到2000年正式挂牌累计用时三年。搜狐正式成立于1998年，用时不到两年就于2000年7月于纳斯达克上市。新浪则是千禧年首家上市的门户网站，它从1998年12月成立到2000年4月登录纳斯达克，仅用了不到一年半时间。

2000年登录纳斯达克的新浪、网易和搜狐三家门户网站的融资金额分别达6.47亿、5.7亿和4.95亿人民币。虽然与第一个吃“互联网门户”螃蟹的中华网差距不小，但这笔资金对于还未规模盈利的互联网企业而言，已是难能可贵的发展资金。因为，接踵而来的2000年互联网泡沫，将让众多知名互联网公司走向没落。

据统计，2000年开始的纳斯达克泡沫破灭的过程中，多达210家美国互联网公司倒闭。大量的企业由于产品和商业模式被证伪，逐渐走向衰落，只有少部分企业得以幸存。

幸运的是，彼时中国的三大门户都因为赶上了融资的末班车得以幸存。

2004年，腾讯成为第一家在港上市的大陆互联网企业，而百度、阿里也于随后两年分别登陆美股和港股，在互联网世界站住脚跟。随后的三年（2007—2010年）则被称为中概股的牛市，不仅融资规模不断放大，市值也不断取得突破，一个重要指标就是BAT市值先后超过100亿美元，跻身真正的全球最大互联网企业之列。

中国互联网经济进入规模化时代，也推动了一批优质的中国互联网公司走向世界。其中，早期的阿里巴巴、腾讯和百度以自身的用户基础和商业模式推动了互联网生态帝国的建设，继而又以投资、并购等方式使体系内的公司进入遍及互联网所能覆盖的各个角落。

凭借中国网民数量的绝对优势，电商、娱乐、出行、教育、医疗等领域纷纷涌现出与之相关的超级独角兽，这客观上又推动了优质中概股市值的飙升。凭借中国网民数量的绝对优势，电商、娱乐、出行、教育、医疗如阿里巴巴和腾讯，其市值一度攀升至5万亿—10万亿元的市值区间，位列世界互联网公司的前十名。

与此同时，一批新经济公司的成长壮大也缔造了新时期赴美、港上市的新热潮。如自从开启“同股不同权”，小米、美团等近年陆续登陆港交所的公司均表现不俗，其在中国网络公司中仅次于阿里巴巴和腾讯。

中概股的发展不仅见证了新中国经济的腾飞，也见证了中国企业在全球扩大影响力的过程。从门户时代走来，中国互联网经历了蛮荒之境到巨头诞生，中国本土的互联网公司阿里巴巴、腾讯、小米、京东、百度等已经成长为令世界瞩目的超级大公司，今天新经济公司更是百花齐放。

随着中国开放大门的越开越大，未来中概股在挑战中仍然有巨大的机会。尤其是国际化水平较高的新兴规模互联网公司，美股和港股仍然是它们的首选之地。

“走出去”的时代背景与底层逻辑

中国公司为何选择海外上市？这个问题是探讨中概股时的必答题。客观来说，这和我国资本市场的发展历程息息相关。实际上，中国的很多新兴公司尤其是互联网公司都有着融资的需求，但在本土资本市场的成熟度和规则层面的制约，无法实现本土的上市。在这个背景下，“中概股”就有了出海的原动力。

中概股出海的主要目的地一致是是美国和香港，而美股中概股的IPO 又主要集中在纽交所以及纳斯达克两个市场。

归根结底，这与各个不同市场的成熟度和规则设计是紧密相关的。

因为我国A股市场的上市标准中对于企业盈利能力的要求均比较严格，美股和港股在吸引中国企业出海上市方面就有了比较明显的优势。例如，A股主板和中小板上市标准为企业最近三个会计年度净利润均为正数且累计超过人民币3000 万元。而上市标准相对较为宽松的创业板在盈利部分都要求企业最近两年连续盈利、最近两年净利润累计不少于1000万元；或者最近一年盈利、最近一年营业收入不少于5000万元。

港股市场和美股市场对盈利水平则没有如此严格的要求条件。其中，港股主板对于拟上市企业的财务情况采用了“三选一”的上市标准，即盈利标准、市值和收入标准和市值、收入及现金流标准。纽交所对于非美国企业也有一个“三选一”标准，即盈利、估值和现金流标准以及附属公司标准，在盈利标准以外其他两类标准都没有针对企业盈利能力上的测试标准。

相比之下，美国纳斯达克则更加成熟且开放，按照规定只要注册的企业均可正常发行。可见，美国资本市场更看重的是申请公司的发展潜力。这也就决定了，很多无法在成长初期登录A股的公司就匹配到了海外的资本市场，同时也让世界各地的投资者通过购买存托凭证来参与中国经济成长之中。尤其是对于互联网等新兴领域，在国内 A 股市场的客观规则之下，赴美上市在当时来说是具有灵活性、可行性的一种选择。

在挑战中逐渐走向成熟的中概股

近年来的国际环境对于中概股而言，无疑是充满挑战的。随着中美关系的紧张，美股市场对中概股的阶段性限制有所增强。自2019年以来，美国两党的部分议员都曾提交法案，拟强制性要求在美国上市的中国公司接受美国监管，包括允许美方监管审计，否则将面临退市。甚至有消息称，白宫正在考虑的选项还包括将中国公司从美国证券交易所摘牌，并限制政府养老金投资中国市场。此后，纳斯达克还更改上市规则，限制中国小型公司IPO。一定程度上，这些阶段性的限制措施势必会影响到中概股的上市积极性。从上市数量上来看，至2019年全年共有36家中国企业在美股市场成功上市，除去SPAC借壳上市和OTC市场转板上市的，中国企业共有32家中国内地企业在美股市场成功上市。2020年，理想汽车、贝壳找房等也成功登陆美股，并在上市后获得了国际资本的热捧。彼时，贝壳这家中国最大的“房产中介”的市值，甚至一度超越了中国最大的房地产企业万科。

另一方面，新兴科技公司赴港上市的进程也在加快。其中，既有在美上市的优质公司选择港股IPO，包括阿里巴巴、百度和京东等重量级企业。同时，“A+H”上市也成为常态。2021年，中国电信已经完成了回A的进程，中国移动、中海油也将紧随其后，也可以说，“A+H”的常态融资路径，也是中国资本市场不断发展和成熟的一个例证。

实际上，从2018年以来，小米集团、美团等超级独角兽纷纷登录港交所，就已经开始一轮新的融资与成长神话。与此同时，京东、网易等优质公司也纷纷实行“美股+港股”，大大地激发了资本市场的参与度和想象空间。

未来，以TMT等新经济领域的科技公司仍是奔赴中美港资本市场上市的热点，在它们的带动之下，新一轮的上市热潮正逐渐开启。在分析人士看来，对于美股、港股中概股市场而言，源源不断的活水和板块上既有上市公司的成长，对于板块的发展也是有利的。

发展成熟的资本市场能够成就优秀企业的成长壮大，同时也会让不具市场前景的企业渐渐被边缘化。而伟大的企业也会反哺资本市场的繁荣与发展。从过去三十多年的中概股发展历程来看，所遵循的均是这样的逻辑，中国优质公司得到了来自世界的资本的追捧，腾讯、阿里巴巴等企业在互联网红利下成为国际级巨头。总体而言，未来的中概股发展方向，仍然是在开放中学习先进、历炼真金，在成熟的市场中走向成熟与繁荣。

张兴军 《中国经济评论》杂志主编

周　播 《中国经济评论》杂志记者

中国资本市场未来：立足新起点　开拓新局面

如何全面定义中国资本市场的发展历程始终是一个宏大的命题。十年前，也就是中国资本市场二十周年的节点上，知名学者吴晓求等在《中国资本市场2011—2020：关于未来10年发展战略的研究》一书中进行了这样的设想："到2020年，将上海一深圳资本市场为轴心的中国资本市场，建设成为全球有重要影响力的金融市场增长极，并把上海建设成为21世纪全球新的国际金融中心，以此为基础全面推进中国金融体系的现代化、市场化和国际化。"

回顾过去的这十年历程，吴晓求等权威学者的设想基本变成了现实。除此之外，包括人民币国际化进程加快、中国经济持续增长、亚洲股票市场崛起等也一一得到验证。即使是最乐观的预言家，也未曾预见过中国资本市场能够取得今天的成就。

事实上，中国资本市场的整体发展满打满算也才三十年出头。并且，这一跨越式历程几乎与改革开放的时间进程高度重合。某种程度上也可以说，其发展成就之所以远超预测，是因为中国的改革开放而带动的经济活力的充分释放。曾经的上海和深圳，以及如今的北京，上交所、深交所的创立，中小板、科创板和新三板市场的不断完备，代表的是中国资本市场的成熟与完善。

从筹备建立到发展至今，中国资本市场只用了30年的时间就走过了成熟资本市场上百年才走完的路程。而在新的发展格局之下，中国资本市场的未来将更加可期。

一、新起点：开放、完善和多元的市场初步成型

早在2014年，国务院发布了《国务院关于进一步促进资本市场健康发展的若干意见》。其中，确定了到2020年基本形成结构合理、功能完善、规范透明、稳健高效、开放包容的多层次资本市场体的基本任务。经过六年多的努力和实践，这个任务和目标已基本完成。总体上来说，我们不仅建立了主板、创业板、科创板和新三板，还在商品期货、期权、利率期货、指数期货等方面期权品种，大大缩短了与西方发达资本市场的差距。

与此同时，中国也开始全面推行股票发行注册制改革和

建立常态化的退市机制，这也促使中国资本市场基础制度更加成熟和与国际主流市场更加接轨。可以说，逐渐加快构建的多层次的现代资本市场体系也将更具开放型和包容性。

今天发展资本市场，受益于此前数年乃至更长时间里的持续改革，使各个方面都有了继续向前跃进的基础和前提。

第一，改革不断提速与开放力度空前背景下，中国资本市场将更加国际化与市场化。

我们能够看到，伴随着中国资本市场改革开放的脚步，境外投资者纷纷布局中国资本市场。截至2021年8月，境外投资者持有A股市值约2.8万亿元，约占A股自由流通市值的7.2%，比三年前翻了不止一倍。中国市场对国际资本的吸引力正在持续上升。

值得一提的是，A股还成功纳入了明晟指数（MSCI），这对中国作为全球第二大股票市场和全球第三大债券市场融入全球资本市场有着标志性意义。权威机构预计，中国股票在国际基准指数中的地位将持续上升，待未来全面纳入后A股在MSCI新兴市场指数中的权重有望接近21%。与此同时，中国A股和债券市场外资持仓市值也在持续增加。外资的不断涌入，对中国金融服务业的整体竞争水平起到助推的同时，也为行业创新和业绩提升增添了新动力。

第二，中国政府、监管机构层面针对构建良好资本市场而出台和革新的基础制度、监管新举等，为中国资本市场的成长与成熟，提供了内生的动力与加持。

从制度建设层面，“注册制”可以说是中国资本市场最为突出的成就之一。自2013年11月党的十八届三中全会提出“推进股票发行注册制改革”以来，证监会就紧锣密鼓地研究准备落实方案。到了2015年12月27日，全国人大常委会正式表决通过了《关于授权国务院在实施股票发行注册制改革中调整适用〈中华人民共和国证券法〉有关规定的决定》。

2019年3月2日，上海证券交易所正式发布实施了设立科创板并试点注册制相关业务规则和配套指引。仅仅四个月后的7月22日，科创板首批25家公司迎来开始开市，各股全天涨幅均超80%，其中16家公司股价涨幅超过100%。

2020年8月，创业板的注册制改革正式落地。在注册制下的首批18家公司登陆创业板，最终募资金额达200.66亿元。从行业分布看，这18家公司遍及专用设备制造、医药制造、文化艺术、汽车制造、生态保护等行业。

“注册制是事关全面改善资本市场生态，实现市场化、法治化的一项根本性制度变革，也是资本市场有活力、有韧性的前提条件》。”在业界人士眼中，对注册制的意义怎么强调都不为过。

在2020金融街论坛年会开幕式上，证监会主席易会满明确表示，要以注册制改革为龙头，带动资本市场关键制度创新。将在总结科创板、创业板试点经验的基础上，继续按照尊重注册制基本内涵、借鉴国际最佳实践、体现中国特色和发展阶段三个原则，稳步在全市场推行注册制。可见，经过一系列紧锣密鼓的工作，注册制的全市场推行工作已经不存在任何障碍，在不久的将来其势必会给市场带来新的活力。

二、新举措：聚焦提升上市公司治理水平与加强投资者保护

避开问题谈改革，脱离奋斗谈目标，都是不现实的。监管者、上市公司和投资者都意识到，中国资本市场正处在一个新的路口。回望过去，这是一个螺旋式上升的过程，它取得的成就举世瞩目。面向未来，则是一条机遇与挑战并存、前景与问题同在的曲折道路。

探讨未来资本市场改革与发展的趋势，对于客观存在的诸多短板和不足的重视也是其重要方面。比较典型的表现，就是相关主体在上市公司治理和投资者保护层面做的工作还远远不够，这也会直接影响高质量资本市场的构建。

第一，上市公司治理水平还需要得到切实提升。

上市公司是资本市场的主体和基石，上市公司的质量决定了资本市场的质量。如果上市公司公司治理水平低下、信息披露不实，就会动摇资本市场的基石，市场就没有办法健康成长。

客观而言，改进公司治理不仅是提高上市公司质量、打造高质量发展的资本市场的关键，而且是国家治理能力和治理体系现代化的内涵之一。

近几年来，随着监管力度的加大，一些上市公司存在的诸多问题也得以显现。对于一些典型问题公司惩罚力度的加大，客观上也起到了震慑的作用，使越来越多的公司开始意识到加强公司治理的重要性。例如，从后续发布的“中国上市公司治理指数”来看，近两年中国上市公司质量显著改善，包括上市公司与中小股东沟通日益密切、信息披露日益完善等。但显然，这些工作还有待继续深入。改善公司治理不止是公司本身的问题，还需要监管部门、投资者等各界的协作和努力。

第二，资本市场防线的守护与对投资者的保护需要得到整体加强。

众所周知，保护投资者合法权益资本市场一切工作的出发点和落脚点。某种程度上也可以说，保护投资者就是保护资本市场。但具体到资本市场中，我国投资者受保护的的力度和广度都还不足。

2010年，笔者参编由香港前证监会主席沈联涛所著的《监管——谁来保护我投资》一书，书中重点阐释了对付市场欺诈的“资本市场三道防线”，即投资者的自我警惕、监管和市场的自律，三者在具体的资本市场中又是相得益彰的。

某种程度上，这“三道防线”也是我们评判资本市场是否成熟的一个重要标准。投资者、监管者和市场的广泛参与者，对于构建一个好的资本市场都是至关重要的。

在一些具体的财务造假案例中，我们还能够看到很多审计机构因失守底线而受到惩罚。归根结底，这是其对于自身“把关人”身份的违规利用和对其义务与责任的错误履行。更深度地思考，让审计者审计自己的“衣食父母”，其背后是否存在着底层设计上的漏洞，这一点值得深入思考。

对于投资者的保护应充分纳入到监管体系当中的建议也不绝于耳。从具体的案例中可以看到，每一个问题公司暴雷的背后，都造成了数以万计的投资者损失惨重，而这些损失是通过强制退市、罚款等措施所无法直接弥补的。

所以，对于中国特色的投资者保护之路的有益探索，也将有助于资本市场行稳致远的长远目标的落地。近年来，我国对投资者保护的重视力度能够看到明显加强。例如，新

《证券法》中设置了专门章节，从赔付和诉讼等方面明确了投资者保护的相关内容。这种制度体系的完善和建设也让我们对未来投资者的切实保护看到了希望。

三、新局面：中国资本市场有望成为规模最大和质量最高的市场之一

1990年12月19日，A股市场开启。三十年后，中国资本市场成为参与人数最多，全球规模第二的资本市场。虽然过去三十年的中国资本市场发展速度、质量足以令世界惊艳，但依然没有充分释放出中国资本市场本应拥有的潜力。站在三十周年的时点展望未来，中国资本市场未来突破点在何处？又有哪些可期的前景？

第一，中国资本市场正向最大和最好的目标迈进。

根据世界银行等权威机构预测，未来十年中国的GDP总值有望超越美国成为世界第一。业内分析人士预计，如果说资本市场能够保持跟GDP同步的发展速度，而且市场的市值占GDP的比重能够达到美国今天的比率，十年之后中国的资本市场规模也有望超越美国，在规模和质量上实现质的飞越。

综合行业监管者和市场参与者等多方观点，会发现各方

对于好的资本市场的标准基本一致。具体而言，决定一个国家抑或区域资本市场好坏的标准主要有：经济基本面的好坏，监管水平的高低，上市公司质量的良莠，投资者理念与水平的优劣。这几个方面，既是判断资本市场当下水平的重要依据，也是发掘资本市场潜力与价值的出发点和落脚点。

第二，中国资本市场将更加成熟和规范。

近几年来，我们明显看到中国资本市场的监管者在监管制度的建设和监管水平的提升上，有着长足的进步。与此同时，对于投资者的保护也上升到了前所未有的重视程度。加之相对于其他主要经济体所难以媲美的经济基本面和国际环境，中国资本市场的成长速度和质量都处于引领的态势。与此同时，在制度化、规范化层面也逐渐走向成熟。具体表现在多个方面：

上市公司质量上升显著。最新数据显示，上市公司创造的税收占整个企业税收的30%，实体经济上市公司的利润占规模以上工业企业利润的40%。中国上市公司协会会长宋志平认为，中国上市公司所取得的成绩是巨大的，这集中体现在上市公司的质量、业绩以及监管水平的提高上。

制度建设与监管工作都更加全面和完善。从中央到各级监管部门的决策力度就能看出，证监会对申请IPO企业的审核越来越严格。在审核拟上市公司过程中，监管部门围绕企业未来的发展战略和增长可持续性及路径等展开，包括企业成长性、商业模式稳健和合理性、公司治理机制是否完备、是否有具竞争力的管理团队、上市公司定位是否清晰、是否会与其他控股股东发生大量关联交易等方面做了大量的工作，对于防范公司上市后业绩变脸和造成负面影响起到了显著的作用。

第三，中国资本市场将构建成为世界最独特的资本市场体系之一。

事实上，中国金融的改革与发展亦是改革开放事业的重要一环。从最初“一行三会”的逐步设立，到如今金融机构功能、金融业态和技术模式等领域的嬗变，金融发展的业态发展，以及改革、监管等各个层面，都能够看出中国的特色与逻辑，也逐渐成就了中国式的发展路径。

可以说，是中国独特的经济发展模式、制度环境决定了资本市场发展注定与其他国家有着不一样的轨迹和特征。未来，中国资本市场的构建也必然体现出我国当前发展阶段鲜明的时代特征，并在市场主体、发展任务和发展路径中体现出与其他国家的差异与不同。

张兴军 《中国经济评论》杂志主编

附　录

中国资本市场30年大事记

1990—1999

1990年12月1日，深圳证券交易所（以下简称“深交所”）成立。

1990年12月5日，在人民大会堂举行隆重的STAQ网交易市场开通典礼，全国证券交易自动报价系统（STAQ系统）正式开始运行。

1990年12月19日，上海证券交易所成立，开启中国股市元年。开市半小时后前市收市成交49笔，金额587.9万元。

1991年5月21日，上交所统一实行自由竞价交易，沪市股价全部放开。

1991年7月，深交所开业。两大交易所的正式营业，意味着中国股票主板市场平台搭建完成。

1991年8月28日，中国证券业协会成立。

1992年5月，上交所放开了仅有的15只上市股票的涨跌停板限制，实行“T+0”交易规则。当天上证综指由前日收盘时的617点瞬间高开并收盘于1266点，上涨105%，估值高位时一度达到1429点。

1992年7月1日，法人股流通转让试点在STAQ系统开始试运行，开创了法人股流通市场。

1992年10月12日，中国证监会正式成立。

1993年4月28日，NET系统投入试运行。

1994年7月30日，中国证监会宣布三项“救市”措施：年内暂停新股发行与上市；严格控制上市公司配股规模；采取措施扩大入市资金范围。

1995年2月23日，“3 · 27国债期货事件”爆发。

1998年4月，沪深交易所决定对“财务状况异常”的上市公司实施股票交易特别处理。

1998年12月，第一版《证券法》正式立法通过。1999年5月19日至1999年7月1日，短短32个交易日，上证指数从1050点附近起步，一度冲破1700点大关，之后虽有回落，但累计涨幅仍高达47.26%。

1999年7月1日，《证券法》正式施行。

1999年8月20日，国务院出台《关于加强技术创新、发展高科技、实现产业化的决定》，准予上海和深圳可择机设立高新技术板块，即“创业板”。

1999年9月9日，全国证券交易自动报价系统（STAQ系统）、NET系统这两个系统停止运行。

2000—2009

由于在老三板中挂牌的股票品种少，且多数质量较低，要转到主板上市难度也很大，因此它很难吸引投资者，多年被冷落。

2001年4月23日，第一个退市公司出现——PT水仙。

2001年7月23日，社保基金正式入市。

2001年7月26日，国有股减持在新股发行中正式开始，当日两市暴跌。

2002年6月，国务院决定停止减持国有股。

2002年12月1日，中国证监会与中国人民银行联合颁布的《合格境外机构投资者境内证券投资管理暂行办法》开始正式施行，QFII制度正式启动。

2004年1月，国务院发布《关于推进资本市场改革开放和稳定发展的若干意见》（简称“国九条”）。文件充分肯定了

1992年以来我国资本市场建设为经济发展作出的贡献，提出了下一步逐渐完善多层次股票体系的计划：在继续规范和发展主板市场的同时，逐步建立满足不同类型企业融资需求的多层次资本市场，分步推进创业板市场建设，拓展中小企业融资渠道。

2004年5月，深圳证券交易所主板市场内设立中小板。

2004年8月28日，运行5年后，《证券法》进行第一次小修。此次修改涉及两个条款，取消了证监会对股票溢价发行价格、公司债券上市交易的核准权。当时仍然处于熊市后半场，但2004年9月，上证指数仍然小幅反弹4.07%。

2005年4月29日，经过国务院批准，中国证监会发布了《关于上市公司股权分置改革试点有关问题的通知》，宣布启动股权分置改革试点工作。

2005年6月，沪市大盘见底，998.23点。

2005年10月，《证券法》进行了史上第一次大范围修订。与证券法同时期的是股权分置改革。

2006年12月26日，沪指报收2505.70点，当日成交额457.9亿元，一个月击穿500点，首次站上了2500点的高位。

2006年，中关村非上市股份有限公司股份报价转让系统（即新三板）正式启动，主要承接中关村科技园区内非上市中小股份制公司的股权转让。

2007年3月，沪市大盘突破3000点。

2007年5月中旬，沪市大盘突破4000点。

2007年8月，国务院批准证监会提出以创业板市场作为重点的多层次资本市场的建设方案。

2007年8月23日，沪市大盘突破5000点.。

2007年10月16日，沪市大盘到达6124点历史最高点。

2008年3月，证监会发布《创业板上市管理办法（征求意见稿）》。但受全面爆发的全球金融危机影响，创业板市场建设方案被延后。

2008年10月28日，沪市大盘探底创出一串中国股民忘不了的数字，1664。

2009年3月，证监会出台了《首次公开发行股票并在创业板上市管理暂行办法》，宣布自当年5月1日开始实行。

2009年6月，深交所公布了《深圳证券交易所创业板股票上市规则》，宣布自当年7月1日开始实行。

2009年10月30日，深圳创业板市场正式上市，以网宿科技、华测检测、机器人等28家公司的股票首批在创业板上市交易，标志中国创业板市场正式成立。

2010—2020

2012年8月3日，经国务院批准，决定扩大非上市股份公司股权转让试点，首批扩大试点新增上海张江高新技术开发区、武汉东湖新技术产业开发区及天津滨海高新区。将按照“总体规划，分步推进，稳妥实施”的原则，设立全国中小企业股份转让系统，逐步将条件比较成熟的园区纳入试点范围，为试点园区的非上市股份公司提供股份报价转让等服务。

2013年1月，全国中小企业股份转让系统有限责任公司在北京金融街正式揭牌运营，同年12月，股转系统开始面向全国接收企业挂牌申请，成为全国性场外交易市场。

2013年6月29日，《证券法》进行第二次小修，对须经证监会批准的证券公司相关事项进行了调整。2013年7月、8月和9月，A股连续3个月小幅收高，沪指3个月的涨幅分别达到0.74%、5.25%、3.64%，从1900点左右一度上攻至2270点。

2014年8月，仅仅时隔1年多，《证券法》又进行了第三次小修。这次小修后不久，A股市场迎来一次仅次于2006～2007年的牛市。

2015年12月，十二届全国人大常委会第十八次会议表决通过了关于授权国务院在实施股票发行注册制改革中，调整适用《中华人民共和国证券法》有关规定的决定。这为日后推进科创板试点注册制提供了法律依据。

2016年1月4日，中国股市熔断机制生效首日，A股两次熔断，提前87分收盘。

2016年1月7日，再度触发熔断，A股全天仅仅交易了13分钟。

2016年1月8日，证监会叫停熔断机制。尽管如此，但是在随后的近一个月内，市场仍跌去了近1000点，被投资者戏称为“股灾3.0”版。

2016年12月5日9时30分，深圳证券交易所和香港交易所同时敲响了开市钟和开市锣，宣告市场各方期盼的深港通正式开通。

2018年11月5日，习近平出席首届中国国际进口博览会开幕式并发表主旨演讲，宣布将在上交所设立科创板并试点注册制。

2019年1月30日，证监会发布《科创板首次公开发行股票注册管理办法（试行）》，上交所发布《关于就设立科创板并试点注册制相关配套业务规则公开征求意见的通知》，向社会公开征求意见。

2019年3月，科创板的注册管理办法、持续监督办法等相关规则重磅落地，沪深两市一周有4个交易日成交量突破万亿元。

2019年11月29日，中国证监会发布关于政协十三届全国委员会第二次会议第2816号（财税金融类264号）提案的答复函。对关于明确区域性股权市场法律地位问题、关于区域性股权市场对接更高层次资本市场问题、关于将区域性股权市场登记托管纳入证券法调整范围和关于各类金融机构创新区域性股权市场产品四方面做出答复。

2020年3月1日起施行修订后的《中华人民共和国证券法》，新法从推行注册制、强化中介机构责任、提高违法违规成本等多方面，完善了证券市场基础制度。

后　记

2021年开始，中国资本市场正式开启了新三十年的征程。在一系列制度性改革、市场化实践的背景之下，我们对中国资本市场的进一步开放和跨越式发展充满信心。事实上，无论是从中央层面，还是各级监管部门和市场主题，对于打造一个规范、透明、开放、有活力、有韧性的资本市场，都有着一致的共识。

如果以三十年为时间段来总结中国资本市场的成就得失，我们能够看到沪深证券交易所创办与发展这样具有奠基意义的丰碑，能够看到中国资本市场的规模以一日千里的速度成长壮大。当然，我们也能够从中发现我们在打造制度化、法制化和规范化资本市场方面还有很多不尽如人意之处。

我们深知，中国资本市场的未来向路将是一条充满荆棘与挑战之路。在构建规范化的资本市场、打造平稳且可持续的“牛市”、破解投融资当下困局和推进中国资本市场更加开放和国际化等方面，还有很长的一段路要走。幸运的是，党中央从来没有像今天这样重视资本市场。从党的十八大以来，在习近平总书记的系列讲话中，在每一次重大经济会议的纲要中，都能够看到对资本市场的部署和要求。所以，我们充满信心与期待，坚信资本市场必将成为我国实现社会主义现代化强国目标的重要推动力量。

这也是我们与众多国内资本市场领域的专家学者，共同完成这部《谋局——中国资本市场的变革与突围》的初衷与目的。

本书能够成功出版，得到了以下多位国内著名专家、学者等智库力量的大力支持：

中国人民大学中国资本市场研究院院长吴晓求、中国政法大学商学院院长刘纪鹏和中国政法大学商学院硕士研究生张润泽；中国人民大学财政金融学院副院长赵锡军、国务院发展研究中心金融研究所原所长张承惠、中国社科院经济研究所研究员张平；英大证券首席经济学家李大霄、中泰证券首席经济学家李迅雷和中泰证券研究所金融工程首席分析师唐军；中国银河证券首席经济学家刘锋、兴业银行首席经济学家鲁政委、兴业研究金融监管高级分析师陈昊，以及博时基金董事长江向阳、东方红资产管理总经理、政信投资集团首席经济学家何晓宇、富国基金前董事长陈敏和平安基金董事长罗春风；中国农业银行前首席经济学家向松祚和中国社会科学院财经战略研究院财政研究室主任何代欣。

如果没有上述专家、学者的支持和参与，就不会有《谋局——中国资本市场的变革与突围》一书的顺利出版。在此，向所有为本书付诸了智慧与辛劳的参与者表示诚挚的感谢。同时也希望，这一群体智慧的结晶，能够为更多有识之士深度和全面了解中国资本市场的当下与未来提供一个有益的选择。